欲望の資本主義5

格差拡大

社会の深部に
亀裂が走る時

丸山俊一＋
ＮＨＫ「欲望の資本主義」制作班〔著〕

東洋経済新報社

はじめに

「資本なき資本主義」の時代の光と影

未放送の分も含めて、世界の知性たちの現代の資本主義への多角的な見方、豊かな知見をあらためて再構成してご紹介するこのシリーズも、5冊目となった。今回は、2021年元日にお送りした「欲望の資本主義2021」を中心に、その4カ月後の「欲望の資本主義 特別編」の内容も一部加えて、ここに5人の識者のロングインタビューをお届けする。

ジョナサン・ハスケル（英・インペリアル・カレッジ・ビジネススクール教授／理論経済学）、ロバート・J・シラー（米・イェール大学教授／金融経済学・行動経済学）、ダロン・アセモグル（米・マサチューセッツ工科大学教授／政治経済学）、エマニュエル・トッド（仏・歴史人口学者／社会思想家）、アンドリュー・W・ロー（米・マサチューセッツ工科大学教授／金融学）の5人だ。

「欲望の資本主義2021『格差拡大 社会の深部に亀裂が走る時』」（NHK BS1、2021年1月1日放送）は、その副題が示す通り、以前から指摘されていた格差の問題を契機に、社会構造全体をどう捉え直すべきかを多角的に考えようとする試みだった。世界で進む格差の拡大、固定化の潮流が、日本を飲みこもうとしている。低所得世帯の割合が上昇し、かつてその存在が強みと言われた中間層が消滅するという予測もある。中間層の喪失がもたらす社会の亀裂をどう阻止できるか？ 経済を推進する原動力を、第三次産業、デジタル産業に賭ける時代の「富を生むルール」変更をどう捉えるべきか？

経済の葛藤が、社会不安を引き起こす現状を見据えて、私たちは歴史のどこでどう間違えたのかもあわせて考えた。

その4カ月後、「欲望の資本主義 特別編『コロナ2度目の春 霧の中のK字回復』」（NHK BS1、2021年5月2日放送）では、「息切れ倒産」も徐々に露呈し、苦境にある業種と回復に向かう分野、企業などの違いが鮮明となり二極化しつつある状況を、アルファベット一文字、Kにたとえて分析。コロナ２度目の春の状況を取材し企業情報のプロの動きを追い、生き残りの現実を追う一方で、バブル以来の高値の株式市場の動向なども注視した。アメリカも２００兆円を超える経済支援で急回復への期待が高まるが、同時にバブル崩壊の足音が聞こえるとの指摘も紹介。緊迫する米中関係も相まって、複雑化する日本、世界の動向を、知性たちとともに考察した。

「やめられない、止まらない、欲望が欲望を生む、欲望の資本主義」

毎回このフレーズで、現代の資本主義のありようについて問題提起してきたが、そこに襲ったコロナは、格差の問題を象徴に、以前から現代の資本主義が抱え込んでいた構造的な歪みを顕在化させた。その解決策の難しさは、「資本なき資本主義」の席巻という現象に端を発している。まず「資本なき資本主義」の主力商品たる「無形資産」という概念を解き明かすことから現状分析を始めよう。

「おわりに」でも解説したいと思うが、５人の知性たちからの５つの視点を、フラットに、虚心坦懐にお聞きいただきたい。

欲望の資本主義5［もくじ］

おわりに

第1章

「資本なき資本主義」が支配する経済

無形資産に注目する
気鋭の経済学者
ハスケル

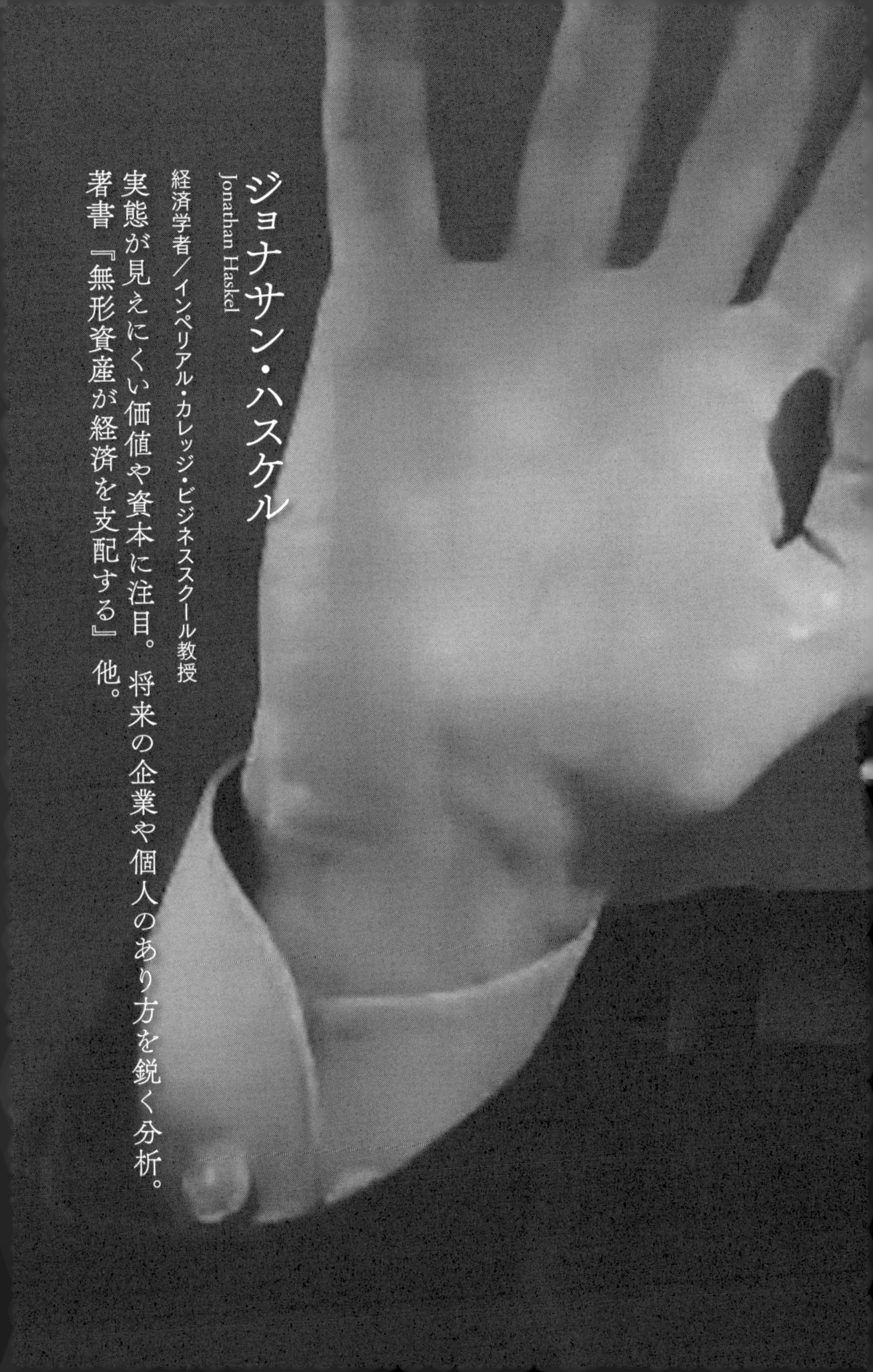

ジョナサン・ハスケル
Jonathan Haskel

経済学者／インペリアル・カレッジ・ビジネススクール教授

実態が見えにくい価値や資本に注目。将来の企業や個人のあり方を鋭く分析。
著書『無形資産が経済を支配する』他。

――世界的に人々の間で格差が広がっていますが、無形資産［モノとしての実体が存在しない資産。特許や著作権などの知的資産、人が持つ技術や能力などの人的資産が代表例。その他、ブランド力などの市場関連資産、顧客情報・顧客基盤などの顧客関連資産や、企業文化、経営能力、人工知能システムなどのデジタルソフトウェアなど、多くの無形資産があると考えられている］、と格差はどのような関係にあるのでしょうか。無形資産の肥大化は資本家と中産階級、労働者階級といった階層構造にも影響を与えていますか。

ハスケル　無形資産が肥大化するという経済のトレンドは格差を拡大していくはずです。なぜなら、無形資産には、容易に規模を拡大できるという経済特性があるからです。

例えば、「ハリー・ポッター」シリーズはイギリスの大変重要な輸出品ですが、仮に私がその著者であったとしたら、その小説を世界中に売ることができます。しかし、私が車を作って売っているとしたら、何度も繰り返して一台の車を売り続けることはできません。

つまり、「ハリー・ポッター」という知的財産を所有している人が得る利益は、有

ジョナサン・ハスケル

形資産を売買している人々が得る利益に比べて非常に大きくなり、それが格差に反映されるのです。そうした無形資産の肥大化とグローバリゼーションやインターネットが組み合わさって、格差を広げているのだと私は考えています。

双方向に働く力

——将来にわたって、格差は拡大し続けるということでしょうか。

ハスケル　それは予測の難しい問題です。無形資産は反対方向に働く二つの力を内包しているからです。とても興味深い特徴です。

先ほど申し上げた通り、無形資産には規模を拡大しやすいという特徴があり、それは格差を拡大する方向に働く力です。一方で、無形資産には、『無形資産が経済を支配する』（ジョナサン・ハスケル、スティアン・ウェストレイク著）で私たちが「スピルオーバー（波及）」と呼んだもう一つの特性があります。

自動車の作り方を完全に真似するのは大変難しいことですが、デザインを真似るのはとても簡単です。例えば、アイフォン（iPhone）の発売から1年半も経たないうちに、世界中のスマートフォンはどれも、アイフォンそっくりのデザインになっていました。それが、私たちがスピルオーバーと呼ぶ現象です。これはほんの一例ですが、デザインという無形資産が他者に波及したのです。それには大きな投資は要りません。つまり、スピルオーバーの観点からは、無形資産には平等化を進める力があるとも言えるのです。それは、格差を広げる力とは逆方向に働く力です。

理由は分かりませんが、現時点では格差を広げる方向の力が、反対方向に働く力よりも強いようです。それが、将来的にどう変化するのかを予測するのは非常に難しく、まだ答えは出ていません。いずれにせよ、無形資産には格差を広げる方向に働く力と、縮める方向に働く力という、逆方向に向かう二つの力があることは確かです。

ICT革命が無形資産を肥大化

――無形資産が経済を支配するようになった、あるいは将来的にそうなるとすれば、転換点はどこにあるのでしょうか。著書では「1990年代半ばに、アメリカで

無形資産への投資が有形資産への投資を上回った」と指摘しておられますが、それが変化を加速させたとお考えですか。

ハスケル　私たちが収集しているデータによれば、開発途上国でもその傾向は強くなっていますが、先進国ではそれよりずっと、無形資産への投資が急増しています。データは、アメリカがその動きをリードしてきたことを示しています。ご指摘の通り、アメリカでは１９９０年代の初めに無形資産への投資が有形資産への投資を上回りました。

　この時期はＩＣＴ（情報通信技術）革命が急速に拡大した時期と重なりますから、その影響を強く受けた変化であったことは間違いありません。インターネットが登場し、コンピューターが私たちの日常生活の一部になりました。コンピューターは有形資産のハードウェアですが、無形資産であるソフトウェアがなければそれを利用することはできません。インターネットを構築するシステムも、通信システムも、ハードウェアとソフトウェアの両者で成り立っています。そのため、ハードウェアへの投資に加え、ソフトウェア＝無形資産への投資が必要になり、その規模は有形資産への投資を上回る規模となりました。それが1990年代に起こったできごとの一つです。

さらに、ICT革命に伴い、1990年代には、ICT業界だけでなく、他の多くの業界でも無形資産への投資が広がりました。アメリカを筆頭に、他の国々でも小売や金融、旅行などさまざまな業界で、コンピューターとソフトウェアを使った業務形態の変化が始まりました。

例えば、銀行や旅行会社、航空会社は業務のオンライン化を推進しました。無形資産とは無縁と考えられていた運輸業界までもが、業務形態を変えるために無形資産への投資を余儀なくされたのです。産業構造における無形資産への投資は、革命と呼べるような劇的な変化で、ICT業界にとどまらず、幅広い産業分野にまたがる現象になっていったのです。

――そして、その傾向は、今日まで続いているということですね。

ハスケル　様々な局面で増減を示しながらも、大きな潮流としてはその通りです。1990年代前半にアメリカで無形資産への投資が有形資産の投資を上回って以降、他の諸国にも同様の傾向は波及し、無形資産への投資でアメリカを追い上げました。それは今も続いています。２００８年に端を発した金融危機以降は無形資産への投資が鈍化しましたが、世界的に長期的な増加傾向であることは間違いありません。

「労働による富」から「資本による富」へ
——１９７０年代の経済構造の転換

——無形資産の肥大化による投資先の変化について伺いましたが、１９９０年代以前にも、富を生み出す方法、つまり、経済構造の大きな変化はあったのでしょうか。

１９７３年が転換点の一つだったという説もあります。コンドラチェフの波「景気は50年～60年周期で循環するとする経済学説。１９２５年にロシアの経済学者コンドラチェフが提唱した学説で「長期波動」「大循環」とも呼ばれる。景気は画期的なイノベーションを機に拡大し、やがて縮小局面へと向かう循環を繰り返してきたとする」によるスタグフレーション、世界的な金融緩和、アメリカの財政赤字解消政策などは、１９７０年代半ばの経済構造をどのように変えたと考えておられますか。

ハスケル　１９７０年代に起こったことを理解するには、遡って、多くの国が第二次世界大戦の痛手から立ち直りつつあった１９５０年代から見てみる必要があります。第二次世界大戦後、世界の各国は世界最大の経済大国となったアメリカに大きく後れを取っていました。当時の経済成長への道筋は比較的簡単なものでした。アメリカの真似をすればよかったのです。つまり、ヘンリー・フォードなどのアメリカの先駆者に倣って近代技術を取り入れ、機械を導入し、大量生産して産業化を進めればよかったのです。それが、多くの国、特に欧州諸国がアメリカに追いつくために取り組んだことでした。

　そのプロセスを中断させたのが、ご指摘のあった１９７０年代のスタグフレーションです。それだけでなく、ちょうど同時期に起きたオイルショック「１９７３年の第四次中東戦争勃発を機に起こった原油価格の高騰による世界経済の混乱。原油価格はおよそ2倍に高騰した。１９７９年のイラン革命を機に第二次オイルショックも起こった」も非常に大きな影響を与えました。気候変動に大きな関心が寄せられている現在では考え難いことですが、当時の世界経済は石油に大きく依存していたのです。

１９７０年代初頭の原油価格の高騰により多くの国々が不況に陥り、金融緩和やアメリカの財政赤字解消政策など、一連の構造改革が必要となったのです。特に深刻だったのは利益率の危機です。そして、世界的な不況は労働者を苦しめました。

私の理解では、１９７０年代の変化は世界、特に欧州各国がアメリカに追いつく過程とオイルショックと混ざり合って起こったことです。それによって、さまざまな問題が生まれ、特に多くの国々で利益率が大幅に低下する危機となり、投資も大幅に減少しました。当時のイギリスや他の多くの国では確かに、「資本による富」と「労働による富」の転換点のように感じられたと思います。

景気循環の複数の波

――世界経済は現在、何らかのサイクルの中にあるとお考えですか。経済の歴史や変化、資本主義の動向という観点からすると、大きな景気循環の中にあるのでしょうか。ある種の波やサイクルの中にあるとお考えですか？

ハスケル　コンドラチェフの波は経済史における一般的な概念ですが、私の知る限り、多くの経済学者が何かしらの理由で異を唱えています。現在、経済学者の間で論争となっているのは、産業化の歴史は一つの大きな波で構成されていて、現在は既に終わりを迎えているのか、それとも、複数の大きな波で構成されているのか、そのどちらなのかという議論です。

もう少し詳しく説明しましょう。18世紀半ばに最初の産業革命を起こしたイギリスの19世紀の経済と、20世紀のアメリカの経済における生産性向上の歴史を見ると、どちらも、画期的なイノベーションが起こってから、その成果が生産性や生活水準の向上に反映されるまでには長い時間がかかっています。その流れは一つの大きな波のように見えます。蒸気機関は早くから登場していましたが、その成果が現れるまでには半世紀かかっているのです。その後、電気革命が起き、長い時を経て1920年代に多くの産業で電力化が進みました。さらに20世紀の終わりにはICT革命が起きましたが、2008年頃からは生産性の上昇は大きく低迷しています。

経済の停滞が続く現在の状況の解釈の一つは、産業化の歴史は大きな波で構成されており、現在はその終わりを迎えているという理解です。この波は100年ほど続いていて、その中で多くのモノが発明され、変容してきたとされています。例えば屋内トイレの快適性の向上や空気清浄システムの刷新、移動手段、通信手段の劇的な発展などがそうです。

もう一つの説は、波は複数あり今後も波が生まれて生産性が大きく向上する可能性はあると主張するものです。大きな波で構成されているという前者の説は悲観的過ぎるという立場ですね。

新型コロナウイルスへの対応を例に見てみましょう。科学技術の大きな進歩により、これまでにない早さでワクチンが開発されました。コンピューターの力を借りたバイオテクノロジー革命だと言う人もいます。これは明らかに多くの科学者たちがパターン認識にコンピューターを使っているからです。後者の説を支持する経済学者は、この種の革命が引き続き起きると予想しているのです。

私はどちらかというと、二つ目の説を支持しています。今後も、生産性や生活水準の向上をもたらす波が生まれる可能性はあると思います。その波はこれまで変化の乏しかった経済分野に再び変化をもたらすかもしれません。

例えば、高齢者の介護などの分野です。現在でも、大きな負担が伴うマニュアルでの作業を、多くの場合、家族が担っていますが、スマートコンピューターやスマートソフトウェア、モーションセンサーなどを利用することで、介護の分野でもＩＣＴ革命が起こせるかもしれません。それが、次の波を生み経済の繁栄をもたらすのです。

計測できない経済

――無形資産の時代には成長や生産性の概念自体が変わるという説があります。それはポスト産業資本主義の時代ならではの変化と言えると思いますが、無形資産はその価値を計測すること自体、難しいのではないでしょうか。無形資産の時代の成長や生産性について、お話しください。

ハスケル　ご指摘の通り、無形資産の時代においては、経済的繁栄の度合いを計測することと自体困難だと言えるでしょう。例えば、過去に移動手段が急激に発展した時には、生産性の向上を容易く計測することができました。自動車や列車、飛行機の速度は簡単に計れます。

しかし、ユーチューブ（ＹｏｕＴｕｂｅ）の動画やハリー・ポッターの映画を観たり、好きな音楽を聴いたりすることでどれほど生産性や生活の水準が向上したのかを計測するのは難しいのです。経済に占める無形資産の割合が増えれば、その生産性や生活水準への影響を無視することはできません。しかし、妥当な計測の方法が得られていない現状では、統計をとる際に、適切な数値を捉えるために悪戦苦闘することは間違いないでしょう。

——無形資産や無形資産が占める割合が増えた経済にあっては、どのようにその成長力を評価したり計測したりする試みがありえますか。

ハスケル　方法はいくつかあります。その一つは既存の方法を利用することです。例えば、カメラです。今のカメラは10年前のカメラと比べると非常に多機能です。画像は鮮明になっていますし、動画撮影などさまざまな機能が搭載されています。携帯電話にカメラが付いているのも当たり前です。

このような場合には、そのカメラの価値を評価する確立された方法があります。カメラの価格にとらわれずに、カメラの機能を考慮して価値を判断するのです。表示価格だけを見れば高額でも、安いと評価することがあります。今のカメラと10年前のカメラとでは、価格自体は今の方が高くても、搭載された機能を正しく評価すれば、今の方が安くなっていると評価をするわけです。安くなっていれば、生産性は向上しているということです。そのような評価方法があります。

難しいのは、演劇や映画の質を評価したり、絵画などの芸術作品の価値を見極めたりすることです。私たちは、ＧＤＰによって経済を計測したり評価したりしています。ＧＤＰは多岐に渡りモノの価格を捉えて、その総額で算出します。ですが、その中に含まれない〝モノ〟もたくさんあるのです。映画や絵画の価格は分かっても、それらが人々の生活をどれほど豊かにしたのかは、今のところ計測できません。

経済における無形資産が増加する中、生活水準に関わる要素をＧＤＰにより反映できるような計算方法を、社会として考える必要があるかもしれません。

芸術家が資本家になる
——無形資産が支配する経済の行方

——現在、新型コロナウイルスの影響で、社会のデジタル化に拍車がかかっています。無形資産の増大は、経済にどのような影響を与えるとお考えですか。

ハスケル　コロナ禍において無形資産が経済発展をもたらす可能性はいくつかあると思います。一つは、状況改善につながる良い変化を生む可能性です。

例えば、私はこれまで週5日出勤することや、通勤に長時間かけることにストレスを感じ、違和感を抱いていました。一方で、コロナ禍でのロックダウンによって通勤しなくてよくなった今、それにも違和感があり望ましくないと感じています。私としては、その中間がよいと思っているのです。コロナをきっかけに、それが実現するかもしれません。

これが無形資産とどう関係するのか考えてみましょう。ホワイトカラーや専門職の人々の多くがリモートで仕事ができるのは、通信手段や機器の発達のおかげです。パソコンやインターネットを使ったオンライン会議で、場所に縛られずに仕事ができるからです。

しかし、現状では、多くの人はそのような働き方ができません。接客などリモートでは難しい仕事があるのはもちろんですが、企業の事業マネージメントの制約でリモートワークが進まないケースも多く見られます。リモートワークをさらに広げるには、多くの企業がビジネスモデルを転換させなければなりません。今までのやり方を大きく変える必要があるのです。同じ場所に集まっている人たちではなく、それぞれ離れた場所にいる人たちをマネージングしなければなりません。リモートであっても、労働者の意欲を向上させたり、仕事に集中させたり、社内のイノベーションや協力体制を維持したりする方法を探るのです。

コロナを経済成長のきっかけにするためには、このような新たなマネージメント技術やビジネスモデルといった無形資産に大きな投資をする必要があります。

——資本主義の形や社会は変わるのでしょうか。

ハスケル　無形資産が支配する経済では、資本家の富を生み出す源が変わります。保有する資本そのものが変わるためです。

もう一度、「ハリー・ポッター」の話に戻ってみます。原作者はイギリス人作家のJ・K・ローリングですが、彼女は工場も土地も所有していません。過去の資本家たちが富を築く基盤としたものを何も持っていないのです。ローリングが保有しているのは無形資産です。具体的には、自らが生み出した素晴らしいストーリーが資本です。資本主義社会の中で、他の資本家とは異なる形態の資本を保有しているのです。

もちろん、世界的な大ベストセラーは、いわゆる無形資産の中でもかなり特殊な例です。検討すべきなのは、もっと幅広い意味で資本的な無形資産を持つ人々が、どのような可能性を秘めているかということです。例えば、コンピューター・プログラミングの技術や、優れたデザインを生み出す才能、研究開発の能力なども無形資産と言えますが、当然のことながら、無形資産の経済は、それだけでは成り立ちません。

とりわけ重要なのは、これらの作業をコーディネートできる人材や、企業などの大きな組織の中でマネージメントができる人材です。フェイスブックやグーグルのよう

な大企業で、創造力に溢れた人たちをまとめられる人材ですね。そうした人材が保有していると考えられる無形資産は、優れたプログラミング能力やエンジニアリング能力ではなく、人間関係のマネージングや、クリエイティブな人たちのマネージングに長けた能力です。

無形資産の経済では、このように例えば知性のような無形の資産を持つ人が資本家になることが考えられるのです。それは詩人かもしれませんし、歴史家かもしれません。古代ギリシャや日本の古典を研究する学者かもしれません。多様な可能性を持った面白い資本家が誕生するかもしれないのです。

――一つの思考実験としてお聞きします。たとえば、かつてカール・ポランニー〔20世紀、ハンガリーの経済学者。経済人類学の理論を構築〕は市場の論理をベースに土地、労働力、貨幣を分析するのは危険だと主張しました。一方、無形資産を作り出しているのは人間です。企業の従業員であれば、労働力ということになります。無形資産が肥大化していく資本主義の中で、無形資産を生み出す労働力が市場競争に晒されると、どのようなことが起きるでしょうか。それにより、社会はどのような影響を受

けるのでしょう。

ハスケル　今、起きていることは、これまで起きていたことと実は同じなのではないでしょうか。今でも労働力は何らかの技術を持って労働市場に参入しています。その技術が専門的であればあるほど市場価値は高くなります。

もし、労働人口が純粋に無形資産を所有する人だけで構成されていると仮定すると、労働者が所有している資産は、知識や技術、教育だということになります。実際に、今のところ、労働市場ではこれらは非常に成功できる戦略だと証明されています。高等教育を受け、知識の豊富な人は、賃金の高い職を得ることができる一方、知識や技術を持たない労働力は、低賃金の競争に晒され、賃金はさらに下がっていきます。そのため、多くの人々、あるいは多くの国々は、労働人口に価値の高い無形資産を身に付けさせなければならないと感じています。教育に投資するのはそのためです。歴史的経験から言って、無形資産を身に付けることはよいことです。

しかし、強調しておきたいのは、今、進行しつつある、無形資産が肥大化する新たな世界における無形資産とは、教科書的知識や教育だけで身に付く種類の資産ではないということです。この世界で求められているのは才能です。例えば、今でも、著名なサッカー選手や歌手は、いわゆる最高の教育を受けていなくても大きな成功を収めています。才能に高い報酬が支払われるからです。無形資産の占める割合が大きくなる経済では、スポーツや芸能といった分野だけでなく、さまざまな分野で価値の高い無形資産を持つ、才能ある労働者がグローバル経済の中で成功できる可能性が大きくなると思います。

　こうした無形資産が格差を拡大させる点については私も危機感を持っていますが、労働力を商品とみなすべきではないというポランニーの主張は少々極端だと思います。

　一般的に近代経済学が専門ではない多くの人々には、「労働を商品として扱う」という考え方は、労働者を非人間的に扱っており不当だと思えるようです。人格を持つ尊厳のある人間を機械のように扱ってはならないという思想自体は、当然のことです。けれど、私は、労働を商品と見なす経済学的視点を支持します。経済学者は人間の価値を哲学的に判断しているわけではありません。人間には機械と同じ価値しかないと主張しているわけでもありません。経済学者が使う「商品」という言葉の意味は、「価格がある」ということに過ぎないのです。商品には投資する価値があるかもしれませんし、それによって利益が得られるかもしれない。富の源として役立つものかもしれない。商品を所有するとはそういうことです。

　労働にも価格があります。賃金の高い労働がある一方、安い場合もあります。教育を受けたり技術を身に付けたりするために投資するのは、自分の労働の価格を上げるためなのです。

スピルオーバーがもたらす繁栄

——では、現在の潮流の中では、無形資産を多く保有しているＧＡＦＡに代表される〝知的〟な企業は、単純に今よりもっと強力になるのでしょうか。

ハスケル　それは、先ほども申し上げた通り、二つの可能性が考えられます。規模の拡大とスピルオーバーです。グーグルやフェイスブック、アマゾンの競争優位性は、それぞれの企業が所有する無形資産にあります。それらの企業は非常に価値のある無形資産を所有しています。ですから、一方でＧＡＦＡなどの企業は、既に大きな市場規模を獲得しているため、それを利用してさらにその規模を拡大することができます。例えばグーグルの検索エンジンは、膨大な数のユーザーが利用することにより、より賢くなり改良され続けていきます。そのため、他の企業がグーグルを凌ぐのは難しいだろうと人々は考えます。

しかし、他方で、後発企業は先行企業から発明の恩恵を受けることができます。スピルオーバーです。例えば、10年前は誰もグーグルのインターネットブラウザ「クローム（Chrome）」が、マイクロソフトのインターネットエクスプローラーを凌げるとは思いもしませんでした。しかし、グーグルはインターネットエクスプローラーから多くを学んでトップに躍り出て、他のインターネットブラウザはほとんど消えてしまいました。

ＧＡＦＡなどの大企業の将来は、その綱引きで決まるのだと思います。それが一つの側面、純粋に経済的な観点から見た状況です。

もう一つ、将来を予測するには、政治的な側面も見逃すことができません。巨大な企業と政策立案プロセスの相互関係です。巨大企業の力は、政策立案者が無視できないほど大きくなっており、コメンテーターの中には、大企業はロビー活動に巨額な資金を投入し、規制当局や行政サイドにまで圧力をかけることができると、指摘する人もいます。当然のことですが、政治への影響力を行使して、大企業はより強力になるわけです。

無形資産を基盤に大きな成長を遂げたこれらの企業の将来は、経済的側面での綱引きと、政治的な力によって決まっていくでしょう。

――今日、無形資産は企業活動だけでなく、国家の公共政策にも影響を及ぼしています。中国では特に顕著に見えます。

ハスケル　ご指摘の通り、中国は無形資産に莫大な投資をしています。とても興味深いことです。戦後の中国経済は有形資産のみで成り立ってきたと考えられていたからです。民家の裏に溶鉱炉を造るなど、中国の大躍進政策は経済的発展に関する有形なモノの話で語られてきました。そして、実際にそういった多くの政策がありました。

さらに、忘れてならないのは、かつての中国は、有形資産への投資と同時に、無形資産には負の投資を続けていたことです。例えば、中国現代史研究家のフランク・ディケーターは、著書『毛沢東の大飢饉』で、大躍進政策期には農業分野で無形資産への負の投資があったことを指摘しています。中国の多くの農村社会は何百年もかけて農作物を育て、土地を灌漑し家畜を飼う正しく適切な方法を身に付けてきましたが、不幸なことに、大躍進時代の中央政府の決定により、昔ながらの知識は基本的にすべて捨て去られたといいます。これは、無形資産への一種の負の投資と考えられます。

しかし、近年の中国は無形資産への投資を強力に推進しています。「千人計画」に象徴される科学的基礎を底上げしようという試み、工学的能力を飛躍的に高めようとする試み、特許権を獲得しようとする試みなどは、すべて無形資産への投資です。現在の中国の投資は無形資産にかなり集中しつつあります。

――国の政治体制を越えて、世界で無形資産への投資は、将来、もっと大きくなるのでしょうか。

ハスケル　そう思います。多くの経済がその方向に向かっているからです。問題は、それが人々を幸福にするかどうかです。今の中国経済の無形資産への投資に負けないぐらい、日本も随分前から科学技術の研究開発に多額の投資を行ってきました。それを忘れてはならないと思います。そうしたことが、中国や日本の経済に富と繁栄をもたらすといいと思います。

先に述べた通り、無形資産には人々が他の人々から学べるスピルオーバーがあります。がんの新しい治療法やコロナの効果的な予防法、高齢者介護のより良い方法などはすべて無形資産です。そうした無形資産を生み出すことができれば、世界をより繁栄させる力となります。未来の人々が過去を振り返る時、さまざまな国々のさまざまな科学者による数々の貢献に感謝するに違いありません。

無形資産時代の禅資本主義？

――かつてこの「欲望の資本主義」の取材に応えて、〝禅資本主義〟に向かうべきだと提案したウォール街のアナリストがいました。言わば、利潤最大化の論理の中でも、「足るを知る」精神を両立させるようなあり方です。アメリカ流の市場原理によらない資本主義の形を模索する時、今後、求めるべき経済と資本主義の形はどのようなものでしょうか。是非ご提示ください。

ハスケル　〝禅資本主義〟ですか。面白い発想ですね。とても気に入りました。ソ連の消滅以降、「資本主義が勝利して共産主義と社会主義が負けた」という主張に関して、多くの議論が交わされてきました。東欧諸国が社会主義・共産主義経済から資本主義に移行した欧州では、特に重要な議論でした。

その議論には、資本主義にもさまざまな種類があるという論点が欠けていました。問題は資本主義が勝って社会主義が負けたか否かではなく、正しい種類の資本主義について私たちが何を知っているかということです。そこから、さまざまな種類の資本主義に話が及ぶのです。

その一つは、福祉制度が非常に発達した国々の、欧州の言葉で言えば「ノルウェー・スウェーデン型」資本主義です。もう一つは、アメリカ型の資本主義で、熾烈な競争と最低限の福祉制度の国があります。その他の多くの国々は、その間のどこかに位置します。ご指摘の〝禅資本主義〟も、その位置を探そうとする試みなのでしょう。

コロナ禍で私たちは、甚大な健康危機に直撃されると、政府への要求が非常に高まることを知りました。実際に、多くの国々では国家が人々に手を差し伸べなければなりませんでした。政府の感染予防対策や医療政策、感染で経済的被害を受けた人々への補償が十分でなかった国々では、人々の不満が高まりました。

この危機から脱した後も、人々はコロナ以前から果たしていたよりも多くの役割を政府に求めるようになると思われます。人々は政府により多くの種類の社会保障の提供を求めるでしょう。そのためには増税が必要になり、民間セクターはこれまで以上に政府の活動に参加しなければなりません。これが、各国が既に辿りつつある、正しい、あるいは、あるべき姿の資本主義に向かう旅路です。

――人々の政府の役割に対する要求に応えるには原資が必要です。先進国の財政状況の将来をどう分析なさいますか。

ハスケル　ポスト・コロナの世界は不確実ですが、一つだけ確実なことがあります。多かれ少なかれ、どの国の政府もコロナ以前より非常に多額の債務を抱えることになることです。ですから、各国はどのようにして債務を返済するのか、債務の重みに耐えながらどのように経済を回復させるのかという問題に直面することになります。

人々を満足させられる方法は経済成長しかありません。成長すれば、将来世代にツケを回したりせずに債務を完済することができます。それがパンデミックにより破壊的なダメージを受けた経済を回復させる唯一の方法です。

――経済成長を追い求めるのは、人々を疲弊させる厳しいことにつながりませんか。

ハスケル　人々にとって厳しいかどうかを測る尺度として、労働時間を考えてみてください。1800年代の産業革命の時代には小さな子供が週に6日半働いていましたが、幸いなことに、今日ではほとんどの国で子供は働いていませんし、大人でも週に6日半働くことはありません。週休2日はスタンダードで、ほとんど仕事をしていない人さえいます。

つまり、歴史的に見ると、過酷な労働がこれまでの経済成長の推進力ではなかったということです。「成長する唯一の方法は、みんなが常に働き続けることだ」と主張する人がいますが、それは違います。今では、人々は、例えば、産業革命期よりもはるかに効率的に働いています。1時間の労働が生み出す価値は、はるかに大きくなったのです。

人々が効率的に働けるようになったのは、無形資産が進歩したからです。新しい進歩的なアイデアや、イノベーションを生み出すべく進化した社会の能力が、労働時間の劇的な短縮と人々の生活水準の飛躍的な向上につながっているのです。

無形資産には力があります。斬新なアイデアやイノベーションの力で、私たちの社会は優れた機械を開発しました。その機械が安価な商品を生産するおかげで、人々は反復作業から解放されて、余暇が生まれました。かつてのように、長時間働く必要はないのです。

――コロナ禍の結果、新たなグリーン・ニューディール政策が加速しそうな印象が

ありますが、世界の未来を楽観しておられますか。それとも悲観的でしょうか。

ハスケル　私は楽観しています。確かに、気候変動は悲観的な状況ですが、多くの人々は政治的な意思を持って気候の非常事態の解決策を受け入れているように見えます。人々にできることは移動を減らすことです。無駄な移動をやめるのです。先進国では確実に移動が減っています。エネルギー危機にも対処しなくてはなりません。石炭火力発電所などを減らす必要があります。

私たちがなすべきことは、二酸化炭素排出量を減らすことに役立つ、よりグリーンな地球を作る革新的なアイデアやソリューションを生み出すことです。行動を変える人々の政治的な意思と、新たなアイデアによる無形資産の進歩があれば、この気候危機から抜け出す道が見つかるに違いありません。ですから、私は未来を楽観しています。

第2章

経済を動かすナラティブ

ユニークな視点のノーベル賞経済学者 シラー

ロバート・J・シラー

Robert J. Shiller

経済学者／イェール大学教授

2013年ノーベル経済学賞受賞。
投資や資産価格についての卓越した研究で知られる。
著書『不道徳な見えざる手』他。

——ご著書『ナラティブ経済学』を興味深く読ませていただきました。

シラー　日本語でも〝narrative（ナラティブ）〟と同じような意味で使われる言葉はありますか。

——そうですね。「物語」や「お話」といった言葉がそれにあたりますが、ご著書のコンセプトからすると、「話術」とか「語り口」と言った方がぴったりくる場合もあると思います。

シラー　そうですか。ナラティブというのは「話を伝えること」「話の伝え方」といった意味です。話される物語の内容が、面白かろうがつまらなかろうが、真実であろうが偽りであろうが、ナラティブによってその物語が重要で意味のあるものになることがあります。政治理論でも経済理論でもナラティブは重要な役割を担う傾向にあります。経済の専門家は一般の人々に経済理論を語るかわりに、物語を伝えます。その物語により経済理論が伝わっていくのです。その物語はもちろん時とともに変化します。

ロバート・J・シラー

それを前提として、大きな経済事象は人々が耳にする物語の結果だ、というのが、私が著書で主張していることです。国によって違う結果になる場合もあるし、世界中が同じ結果になるかもしれません。

物語には感染症と似たところがあります。人々は、「何か」や「誰か」などに関する物語を耳にし、それに影響を受けて「何か」や「誰か」などに関して行動したり考えたりするのです。そして、それらの物語はウイルスのように広まります。良い物語も悪い物語もあります。

しかし、私が論じているのは個々の物語の是非についてではなく、このように人々の行動や考え方に影響を与える物語とは何か、それは歴史上、どのような役割を果たしてきたのかを考えることが必要だということです。つまり、歴史的に見て大きな事象が起こった時、人々は何を考えていたのか、どのような物語がどのような語り口で広がっていたのかを考える必要があるのです。

アメリカのナラティブとコロナのナラティブ

――アメリカの大統領選挙で民主党のバイデンが勝利しましたが、何か新しいナラティブが出現していると思われますか。終わったばかりで、ちょっと時期尚早な質問かもしれませんが。

シラー　感染症の感染範囲は最初は非常に小さな規模です。感染の進行は時にとてもゆっくりしていて、じわじわ広がっている間は、ほとんど誰も気付かないこともあります。そして、突然、爆発的に流行するほど拡大し、人々はパニックに陥るのです。ナラティブも同じです。今回のアメリカ大統領選は、まだ誰もそれと気付いていない、今までとは異なる新たなナラティブを生み出しているかもしれません。

　私たちが生きている今のこの時代に、ナラティブがどのように変化しているのか、とても興味があります。誰が何を語っているのか、すべてを知っているわけではありませんが、トランプはそれまでにあったナラティブを大いに増幅させたとは思います。

それは、アメリカは世界で最も資本主義的な国であることを声を大にして語るナラティブです。つまり、利益や企業、株式市場を最も大切にする国だという物語です。そして、トランプはアメリカにそのような資本主義のスピリットを蔓延させたと思います。アメリカの株式市場が世界で最も高額であることの理由は、そのように説明できます。アメリカは自信過剰になっているのです。

――自信過剰で人々が市場を信頼し過ぎている。つまり、人々は株価のことばかり考えているということでしょうか。

シラー　株価の動向が経済の将来的成功の先行指数であるという考え方は、おそらくはアメリカが起源の、とてもアメリカ的な考え方なのだと思います。アメリカ人は株価が自分たちの活力源だと考えています。そして、株価が上がっていれば景気は良いはずだと考えています。しかし、それは真実ではありません。急に下落するかもしれません。確かなことは言えませんが、今のアメリカの株式市場の株価は高くなり過ぎていると思います。

――具体的に、この1年、２０２０年の株式市場の変動をどのように分析されていましたか。近い将来、どのようなことが起こるのでしょうか。

シラー　世界の株式市場で大きな変動が繰り返されました。株価は２０２０年１月に過去最高に近い水準まで上がりました。新型コロナウイルス感染症がニュースになり始める直前です。コロナの報道が盛んになっても、当初、多くの人々は無関心でした。そして、2月にはアメリカの株式市場は過去最高の株価を記録しました。しかし、直後に、突然状況が一変しました。人々がパンデミックによって大変なことが起きる可能性を知ったのと同じ時期で、株価が暴落するかもしれないという別の〝パニック・ナラティブ〟が広がりました。そして、そのナラティブは自己達成的な予言となりました。アメリカの株式市場の株価は2月19日から3月23日の間に35％下落したのです。まさに大暴落です。このようにナラティブのバランスが物事を変えることがあります。

２０２１年の３月下旬には株価は再び上がり始めました。おそらく、その頃に、ナラティブに変化が起こったからです。

――ウイルスが変異するように、ですね。

シラー　そうです。目の前の危機に遭遇した時、多くの人は過去の経験、つまり過去の金融危機から学ぼうとします。３月下旬の株価回復は、それで説明できます。多くの人々が前回の金融危機の教訓を思い出したのです。それは、「歴史的に見ると、株式市場には多くの人や企業が莫大な投資をしているため、（社会を不安定化させないために）最終的には当局が安定化を図って株価は再び上がる。だから、パニックにならずに市場に投資していい」という〝教訓〟でした。少なくとも、アメリカではその見方が支配的になったのだと思います。

　さらに、人々は感染症についても多くを学びました。遠くない将来にワクチンが開発され、感染症の拡大に終止符が打たれることになる。感染症は大恐慌とは違う種類の危機なのだということを学んだのです。新型コロナウイルス感染症は過ぎ去って行く危機だという認識が支配的になりました。

この二つのナラティブの変化により、株価は回復したのです。チャンスを逃したくない投資家は、市場は回復すると考えるのが現実的だと考えるようになったのです。

――そのシナリオ通りに株価はさらに高騰するのでしょうか。

シラー　実際に、数種類のワクチンが開発されたと報道されるようになった今、「今回はやはり投資のチャンスだった」と考える人が増えています。今ではなくて、暴落した時に気付くべきだったと後悔している人も多いと思いますが、とにかく多くの人々は、「チャンスを逃したくない。(アメリカの株式市場には)問題は何もない」と思い込んでいます。

しかし、実際には、真実はどこにもありません。2020年末現在の株価は高い水準にありますが、もっと高くなるかもしれませんし、再び暴落するかもしれません。まだまだ不安定です。なぜなら、暴落を予測するナラティブが今も世の中にあるからです。私の調査から得たデータは、多くの人が株価暴落を懸念していることを示しています。

市場の予測は非常に困難です。長期的に見れば、たとえ今株価が高くても、市場の変動に一喜一憂せずに株を買って持ち続けていれば、損失を被ることはないと思います。むしろ儲かるかもしれません。しかし、予測は困難です。

――パンデミックは格差や不平等を拡大すると思われますか。

シラー　パンデミックは世界中で不平等を拡大すると思います。低所得層の人々ほどパンデミックの影響を避けられないからです。彼らはリモートワークをすることができず、自分たちを隔離する新たな方法を見つける金銭的余裕もありません。低所得者の多くはサービス業に従事しています。つまり、他の人々と接する仕事をしているということです。その仕事はリモートではできません。しかし、働かなくては生きていけません。こうした状況は、不平等に対する怒りを煽るでしょう。

アメリカでは4年前にトランプが大統領になってから、格差が拡大していました。トランプは生粋の資本主義者だからです。しかし、コロナ禍の今、将来が見えない中で自分を守る一つの方法として、人々は株式市場や不動産への投資に希望を抱いています。多くの人々はその投資には損失の危険性もあることを認識していません。今現在のナラティブの中ではそれほど危険だとは思っていないのです。とても興味深い現象です。

ナラティブの〝ヒット〟は予測できない

——ナラティブはどのように評価するのですか。ナラティブは数字ではありません。過去を振り返って、2カ月前や6カ月前、あるいは10年前にナラティブが生まれたり、変化したりしたと気付くことしかできないのでしょうか。あるいは、ナラティブが生まれつつある、その時に気付くべきことなのでしょうか。どのようにして気付くことができるのでしょうか。

シラー　とても難しい問題です。私はナラティブに目を注ぐことを呼びかけ、ナラティブを理解するための科学を発展させようとしています。ですが、同時進行的に、それに気付くのは難しいのです。いつの時代にもいくつかのナラティブがあり、どのナラティブがより多くの人々に影響を与えるのか予測するのは困難です。

それは、実際に公開される前にどの映画がヒットするかを予測するようなものです。公開前に多くの映画を観ることができたからといって、そのうちのどの映画がヒットするか予測できるわけではありません。その才覚がある人もいますが、完璧には予測できません。どの映画がヒットするのかは、公開後にしか分からないのです。

経済のナラティブも同様です。語られ始めたばかりの時点では、どのナラティブが、どの語り口による筋書きが多くの人々に影響を与えるか、映画で言えばヒットするナラティブになるのかの予測は困難です。例えばアメリカでは、トランプに関するナラティブがあり、それが間違いなく数十年間にわたり静かに広まっていました。そして、それが２０１６年近くに蔓延したのです。が、なぜ、その時期に蔓延したのかを、科学的に説明することは困難です。

ナラティブは移り変わることもあり、大きな支持を得ていた人が、それを失うこともあります。それが、２０２０年のアメリカ大統領選挙で起こったことです。ですから、ナラティブを理解するには歴史を学ぶことが重要です。

バブル経済の日本のナラティブ

シラー　私たちの研究グループはアメリカと日本でナラティブのデータを集めました。いつ頃、どんなナラティブが語られていて、それが経済に与えた影響を考えるためです。その研究には日本人の研究者も参加しています。

　私たちがナラティブのデータを集め始めたのは、日本の株式市場が大転換する、つまり、日本のバブル経済が崩壊する直前の１９８９年です。アメリカと日本で語られるナラティブの違いを理解したかったからです。

　１９９０年時点では、世界中の誰もが日本経済はとてもうまくいっていると思い、それを疑う人はいませんでした。１９８０年代に日本の製造業はさまざまな分野で世界への進出を加速し、競合する国々のブランドを凌駕し、弱体化させていました。日本は音響機器やカメラ、自動車の主要生産国になったのです。

――ソニー、キヤノン、トヨタに代表される日本企業が飛ぶ鳥を落とす勢いで世界

を席巻しました。

シラー　そうでしたね。日本の一人勝ちでした。当時は日本経済についてたくさんの本が出版されました。

――少し時代を先駆けることになりますが、１９７９年の『ジャパンアズナンバーワン』は日本でもベストセラーとなりました。

シラー　そうです。世界中の人々が日本経済は素晴らしく発展していると考えていました。けれども、よく調べてみると、日本経済に関するナラティブは、国々によって多少違っていて、いくつかのナラティブがあったのです。

私たちがインタビューしたのは、一般の人々ではなく、投資のプロたちでしたが、日本人の多くは、日本の繁栄が永続することに自信を持っていました。他の国々が日本から学んで、日本と同じとまではいかなくても、ある程度は成功し、追いつくことができるとは考えていなかったのです。しかし、他の国々の人々はそうではありませんでした。

そして1990年に、日本の地価や株価のオーバープライシングに関する物語が作られ始めました。当時語られていた、とても有名な話の一つには、「東京の皇居の地価はカリフォルニア州全土の地価よりも高い」というものまでありました。あんな小さな区画の土地が、日本より面積の大きいカリフォルニア州全土の地価より高額であることなどあり得ないことは、考えなくても分かります。

そのような誇張された物語が語られるようになり、もともと懐疑的だった世界の人々だけでなく日本の人々も、地価や株価の水準を疑い始めました。ナラティブの変化が起こったのです。

日本製品の品質についてのナラティブもありました。日本製品の品質は最高だということです。もちろん、それは事実でした。しかし、あまりに誇張され過ぎたため、日本企業の株価が、実力以上の水準になっていたのです。

――つまり、80年代のさまざまなナラティブが、日本経済の実力以上に、地価や株価を高騰させていた可能性があり、バブル経済の破綻の直前には、ナラティブに変化が起こっていたということですね。

シラー　その可能性があります。同じようなことが、現在のアメリカの株式市場で起こっているのかもしれません。製造業が産業の中心だった１９８０年代とは異なり、現在はＩＣＴ（情報通信技術）産業がアメリカの株式市場を席巻し、時価総額の３分の１を占めるほどです。そして、アメリカはこの分野で一人勝ちしてきました。それらの産業が株価を一時的に押し上げているのです。

ケインズとナラティブ

――市場がそれほどまでにナラティブの影響を受けているとすれば、市場は機能していると言えるのでしょうか。たとえば、市場の空気を見抜く天才として知られるケインズが今、生きていたら、ナラティブをどのように表現するでしょうか。

シラー　ケインズは創造性に富み、あまり数学を用いない経済学者でしたが、私がナラティブと表現するような事柄にはしばしば言及しています。第一次世界大戦の戦後処理を話し合ったパリ講和会議に、イギリス代表団の一人として参加したケインズは、講和会議の直後に『平和の経済的帰結』を著し、ベルサイユ条約後の世界が「新たな世界大戦へと向かっている」ことを示唆し、その理由を「連合国はドイツを罰することに専念しているから」だと指摘しています。そしてケインズは、ナチスが台頭しようというタイミングで、「（ベルサイユ条約で科された巨額の賠償金が）ドイツ人に憤怒を喚起し不当だという感覚を生み出している。彼らの怒りを理解し私たちはドイツを悪の帝国ではなくナチスの犠牲者と思うべきだ。ドイツ人を責めてはいけない」と述べています。

　ケインズはナラティブという言葉を使っていませんが、これが彼の発したナラティブでした。ドイツが新たな戦争を起こすのを止めたければ、第一次世界大戦の戦勝国は、ケインズのナラティブを受け入れて、ドイツ人を支援すべきでした。しかし、戦勝国は耳を貸しませんでした。

『平和の経済的帰結』は１９１９年のベストセラーになっています。この著書は、ケインズがナラティブについて考えていた人物であることをよく示していると思いま

す。ナラティブの観点から歴史を解釈しようとしていたのです。ケインズは直接的な表現で第二次世界大戦を予測したわけではありませんが、第一次世界大戦の直後に新たな大戦に向かうかもしれないことを示唆していたことは、彼の重要な業績です。

１９３６年に著した『雇用、利子および貨幣の一般理論』では、「人々の経済的意思決定を促すアニマルスピリット（動物的衝動）」について記述しています。アニマルスピリットとは「自分たちは、やればできる。だからリスクを冒そう」「多少の犠牲を払ってでも、チャンスを掴もう」といった感覚です。経済の繁栄の理由や衰退の理由を理解するためには、そのような心理的枠組みを認識することが必要不可欠だと、ケインズは述べています。

ケインズはアニマルスピリットがあらゆる人間にあることを認識すべきだと指摘しただけでしたが、私は、その動物的な衝動を人々の間に広げているのは、ナラティブのはずだと考えています。

リスクを冒しても挑戦する価値のある世界

――私たちは今、コロナのある世界に住んでいて、２０２０年にはさまざまなことが起こりました。そうした中で、私たちはどこかで何か新しいこと、近い将来に、経済も含め何かこれまでとは違った新しいことが起きるのではないかと、希望と不安に引き裂かれています。

そこで伺います。私たちは今語られている資本主義のナラティブに固執すべきでしょうか。この資本主義の経済システムは今後もしばらく持続するのでしょうか。資本主義はどのように変化すべきでしょうか。

シラー　資本主義や社会主義といった言葉はさまざまな意味で使われており、未だに満足には定義されていないと思います。中国は「社会主義市場経済」と自らを標榜し、大成功を収めた起業家も大勢いますが、建前上は共産主義です。また、資本主義にもさまざまな形態があります。

資本主義や社会主義の別は一旦置くとして、私たちが歴史から学んだことの一つは、経済の成功は個々の人々の自発性に負うところが大きいということです。見逃されていたチャンスを人々が見つけるということです。そこには、何かをしたり、何かを起こしたりしたことで、個人が大きな成果を得られる可能性があります。しかし、個々の自発性は中央集権的なシステムでは発揮されません。集中させることはできないのです。それは、ほぼ世界中の人々が歴史から学んだことです。

重要なのは、若い人々が集まって新たなテクノロジーを考えたり、その実現の方法を模索したりすることです。結局のところ、それは、人々がそれぞれの場所でチャレンジすることで、どこかに集中させることはできません。

そうした気運を高めるためにはインセンティブが必要です。環境や法律、政策などさまざまな方法で、人々が刺激を受けて、リスクを冒しても挑戦する価値があると感じられる世界を作らなければなりません。

資本主義の問題について言えば、自由競争という究極の形の純粋な資本主義自体は、克服すべき課題を抱えています。その一つは格差の拡散です。世界や歴史を俯瞰すれば、格差や不平等は減ってきているとしても、近年は、富が少数の人々に集中している傾向にあります。トランプ政権下の経済でそれは加速しました。所得の再分配に無関心だったからです。資本主義は続くと思いますが、その呼び方は変わるかもしれません。

――最後に、ウィズ・コロナ、あるいはポスト・コロナの観点から、何かポジティブなメッセージがあればお聞かせください。

シラー　コロナの時代に起こった最も重要で意義深いことは、オンライン・コミュニケーションが発達したことだと思います。これは人々にとって大きな福音です。これまで、多くの人はチャンスを掴むために、故郷を離れたり国外に移住したりしなければなりませんでした。今後は、そうしたことは今までよりは少なくなるかもしれません。私たちは皆、より大きな世界の市民であることを、自然に実感できるようになりました。

　この状況が誘う先の世界を考えると、心躍ります。人々の才能やスキルの使い方を進化させられるかもしれません。通訳機を使えば、誰とでも話ができるようになるかもしれません。ステイホームのおかげで、人々の絆が深くなる効果もあるでしょう。喧騒とした都会ではなく、静かで美しい土地に住んで、仕事を続けることもできるようになります。

実は、1876年に電話が発明された時に、そのようなことが起きるのではないかと予測されていました。ですが、それは長い間実現しませんでした。それが、今起きているのかもしれません。

第3章

成長至上主義でも
成長否定でもない
「第三の道」

当代を代表する
理論経済学者
アセモグル

ダロン・アセモグル

Daron Acemoglu

経済学者／マサチューセッツ工科大学教授

経済発展と民主制についての数々の論文で知られる世界的に有名な経済学者。

著書『入門経済学』他。

——取り組まれている最新のご研究について、まず、伺います。産業のオートメーション化とその課税に関するテーマですね。キーコンセプトを教えてください。

アセモグル　狙いは現代の最新のテクノロジーを最大限効果的に使うための方策を追求することにあります。デジタル技術やオートメーション技術の分野では、アメリカと日本では抱える問題が随分異なります。

人口減少と高齢化が世界で最も進行している日本では、製造業とサービス業の双方でオートメーション化を進める必要性が非常に高まっています。ですから、日本が例えばロボット研究とロボット導入の両面で世界をリードしていることに驚きはありません。

ダロン・アセモグル

税の優遇を目的としたオートメーション化は生産性を高めない

他方、アメリカは状況が大きく異なります。アメリカでも高齢化は進んでいますが、日本と比べれば若年人口はまだ多いと言え、高齢化の進行も緩やかです。そのため、アメリカ経済のために、どのような種類のオートメーション技術やデジタル技術を採用すれば有効なのか、あるいはそれが害となるのか、どのようにテクノロジーの利用法を修正すべきなのか、どの分野でＡＩ技術の導入を進めるべきかなどという問題を判断するまでには、もう少し時間的余裕があります。一方で、これまでの判断が適切ではなかった可能性もあります。

その一つが、私たちが研究の焦点とした税制です。多くの経済学者は長い間、資本に対する税率を低く抑えることに賛成してきました。私はさまざまな理由からそれに反対してきました。オートメーションの時代には資本への低い税率が深刻な結果を招くと思うからです。

アメリカの税制では労働には所得税と給与税〔社会保障費の財源として雇用主と労働者が折半して納める税。アメリカでは労使それぞれ給与総額の6・2％を納めている〕を合わせて25％の税が課されていますが、設備やソフトウェアの投資に対する税率は5％以下です。そのため、企業には従業員を雇用する代わりに機械を使おうとする大きなインセンティブが生まれてしまいます。税制による歪んだインセンティブです。

このアメリカの税制が非常に不均衡であることを立証するのが、研究の目的でした。税制がオートメーション化に及ぼす影響を示し、同時に、そうした税金を低く抑えるために人間の代わりに機械を導入するといった類のオートメーション化は、例えば高齢化が進む日本や韓国が歩んでいるオートメーション化とは、まったく性格が違うものであることを指摘したかったのです。

日本や韓国が非常に生産性の高いロボットを導入しているのは、必要に迫られた結果です。労働コストが高く、労働力が不足しているため、ロボットに中心的役割を担わせなければ自動車や電子機器の製造は続けられません。一方、企業が税制の優遇を受けるためにオートメーション化を進めても、生産性はそれほど高まりません。それは、私と共同研究者のパスカル・レストレポが指摘している「so-so（たいしたことのない）オートメーション化」で、生産性は少しは上がるかもしれないけれども、そうでもない場合もあり、いずれにせよ、経済的変革をもたらすようなオートメーション化ではありません。

例えば、アメリカでは近年、セルフチェックアウト・キオスクが目立ち始めていますが、あまり生産性を高めたとは言えません。新たな商品を作り出すわけでも、品質の向上に役立っているわけでもなく、単に企業の労働コスト削減に寄与しているだけです。オートメーションに投資した企業には補助金が給付されますが、給付される補助金が、納付する税額を上回る場合もあります。

――日本とアメリカでは状況が異なるとお考えのようですので、ひとまずアメリカにフォーカスしましょう。新型コロナウイルス感染症から経済が回復する際に、この変化はアメリカの労働市場にどのような影響を及ぼすのでしょうか。

アセモグル　それは誰にも分からないと思います。コロナほど失業率に大きな影響を与えた事象は、おそらくこれまでありませんでした。これほどの失業率は大恐慌以来です。人々がそれをそれほど実感していないのは、積極的な財政政策を実施してきたからです。アメリカ経済は接客業への依存度が小さい上、失業者に対する強力な支援策が採用されたため、２０２１～22年は経済が急成長すると思いますが、多くの仕事が失われたことには変わりはありません。そのため、雇用を回復するには新たな仕事を創出しなければなりません。

しかし、新しい仕事がどのように創出され、新しい仕事がどのようにオートメーション化と相互作用するのか、予想するのは困難です。先ほど、税とオートメーション化の関係を指摘しましたが、ウィズ・コロナの今の時代では、別の理由でオートメーション化が進行しています。働き手がおらず、ソーシャルディスタンスを保つ必要があるからです。この事態が物事にどのような影響を与えるのか、誰にも予測できないと思います。

無形資産の増大は市場の独占を進める

――アメリカでは資本が有形資産から無形資産へと明確に変化しつつありますが、それは社会や市場経済にどのような影響を及ぼしますか。

アセモグル　無形資産にはさまざまな側面がありますが、もちろん、経済を成長させています。グーグルやフェイスブックは消費者にとってとても価値のあるサービスを提供し、消費者はそれらのプラットフォームに対価を払って時間を費やしています。それが無形資産の側面の一つです。つまり、無形資産には人々が消費するモノやサービスの価値を高める要素があり、それは、知識やアルゴリズム、データのより効果的な活用の結果と言えるでしょう。

他方、無形資産でビジネスを展開する企業には負の側面もあります。これらの企業が手にした消費者への影響力が強大化し過ぎていることです。消費者は囚われの身です。そのため、市場の独占傾向が高まります。囚われの身となった消費者は、プラットフォームを切り替えたり他のサービスを利用したりすることができなくなるからです。

市場が独占されれば、消費者は高額なサービスへの対価を甘んじて受け入れざるを得ず、さらに、新しいサービスを利用する際にも、グーグルやフェイスブックに関連性のあるサービスの選択を強いられます。ネットフリックスやディズニーも同じですが、それは、これらの新たなプラットフォームや新たな企業が生み出している収益の大半が、労働者の手に渡らないということを意味します。

ですから、無形資産の価値が大きくなり、利幅を増加させ、企業の力を強くすることは、一般的に労働者にとってプラスではありません。そして、コロナ後の10年間にこの状況がどう変化するか私には予想がつきませんし、無形資産の増加が労働市場に与える影響は、コロナと直接的に関係があるとも思えません。

無形資産か有形資産かにかかわらず、市場の独占が労働者の不利益となる問題は、ロシア革命以前から存在する問題です。ロシア革命は、他の多くの国々の市場経済に大きな影響を与えました。労働の価値を認め、過酷な状況に置かれていた労働者の待遇と社会の不安定な状況を改善する改革を促したのです。ロシア革命とほぼ同時期である「狂騒の20年代」と比較しても、今日のアメリカでは格差が間違いなく広がっています。この状況はコロナ以前から続いています。それは、かつてロシア革命を目の当たりにした、西欧社会に対しての警鐘でもあります。

しかし、繰り返しになりますが、日本や韓国は状況が異なります。日本には市場の独占傾向や格差がないと言っているのではありません。が、労働力が圧倒的に不足している状況が、アメリカやカナダ、欧州諸国の一部とは顕著に異なったインセンティブやソーシャルダイナミクスを形成しています。そのため、日本や韓国、ドイツといった国々では、労働者の立場はアメリカほど弱くはありません。

税制の改革が格差を縮める

――ご研究についてさらに伺います。税の問題です。税制の改革が格差問題の解決策の一つだと指摘されていますが、バイデンが勝利した先の大統領選挙の結果から推測すると、およそ半数ほどの人々は税制改革に期待してはいないようです。

アセモグル　そうですね、今後どうなるかは世論の動きを今後も見守るしかありません。しかし、これだけは言えます。私たちは、アメリカという貧富が極端に二極化した社会に生きています。人々が思っている以上に、二極化は進んでいるのです。

２０２０年末の大統領選挙でトランプは史上２番目の票を獲得しましたが、バイデンは史上最多の票を獲得して勝利しました。つまり、より多くの人々がバイデンの政策を支持したのです。

トランプ支持者も含め、有権者がバイデンのどの政策を支持していたのか詳細に調べてみると、トランプ支持者の中にも最低賃金の引き上げや賃金の引き上げを望んでいる人々は多くいました。つまり、手腕のある政治家が指導力を発揮すれば、状況を改善できる分野はあるのです。

共和党の支持を得られない聖域があるのは事実ですが、バイデンが本気で取り組めば最低賃金の引き上げは実現できますし、そうすべきだと思います。給与税の減税も可能だと思います。また、資本に対する税が非常に低い水準に留まっているのは、減価償却引当金の結果ですから、この制度は廃止すべきです。さらなる二極化を招かないために実行すべきで、超党派の支持を得る可能性のある政策は少なくありません。もちろん、「言うは易く行うは難し」ではあります。

実のところ、１９９０年代の租税構造に戻れば、私が指摘している税の不均衡の問題は相当改善されるはずです。私は革命的変化が必要だと主張しているのではなく、１９９０年代に戻ればよいと言っているに過ぎません。加えて、給与税を３～４％、できれば５％カットできれば基本的にあるべき姿に戻れます。現実的には、これが実行可能な方向性ではないかと思っています。

資本主義の問題の克服と経済成長の両立

――ポスト・コロナ時代の資本主義について伺います。ワクチンでパンデミックを収束させることができたとして、その後の資本主義にはこれまでとは違った何か新しいことが起きるとお考えですか。それとも、依然として「経済成長第一」のあり方へと戻るだけなのでしょうか。私たちは、何か新しい別の選択肢を見つけるべきでしょうか。

アセモグル　確かなことはお答えできません。10年前に同じ質問を受けていたら、「経済成長が大切」であると答えたに違いありません。今でも基本的にその考えに変わりはありませんが、他方で、進歩には危うさが付きまとい、予期せぬ結果を招く危険性を消し去ることはできません。いかなる問題があろうと経済成長を優先するのと、問題があるのであれば立ち止まって成長の速度を落とすことの二択であれば、判断に迷います。

しかし、幸い、その二択に迫られることはないと思います。私たちには別の選択肢があります。経済の成長と、経済が社会や環境に及ぼす悪影響の改善は、両立できるからです。

成長を止めろという極論に私は反対です。経済成長は非常に重要です。アメリカで起こったことを想起してみてください。アメリカは経済的に成長を続けてきましたが、低所得者層の所得増加の速度は非常に緩やかで、結局格差が広がりました。しかし、経済成長が鈍化すると、今度は憎悪や反発が充満し政治的二極化が顕著になり社会の崩壊が起きるのです。つまり、西欧社会では成長しないことの代償はとても大きいのです。

開発途上国では低成長やマイナス成長の代償はさらに大きくなります。今日でも、世界の10億人以上の人々は絶望的な貧困に喘いでいます。貧困から抜け出す唯一の方法は経済成長です。歴史がそれを示しています。1960年代の日本や、80年代の韓国や台湾、90年代の中国やボツワナ、今世紀に入ってからのガーナは経済成長により人々を貧困から救いました。純粋な富の再分配や外国からの支援など、他の解決策には大きな効果はなく、経済的に困窮する人々の大半には恩恵がありません。途上国や新興国にとって経済成長は不可欠なのです。

他方、だからと言って、気候変動やその他の経済成長が及ぼす悪影響に目を瞑る必要はありません。ゼロ成長か地球滅亡かの二者択一ではないのです。経済成長戦略を策定する際、政府や社会が大きな役割を果たし、例えば、気候変動に関してこれまでより厳しい規制を課すことは、魅力的なオプションになり得ます。化石燃料に依存しない経済成長もありうるのです。

過去40年間、政府からの僅かの支援によって、太陽光や風力、地熱などの再生可能

Profile
On File
Profile

エネルギー技術が大きく進歩してきました。今日では、石炭や石油などの化石エネルギーと並び、再生可能エネルギーが費用対効果に優れたエネルギーとなっています。それは、市場経済を維持しても、起業家に適切な支援が与えられれば新たな技術が開発され、その技術が状況を改善する力となり得ることの証明なのです。

これまでとは違った方法で経済成長が可能な分野を具体的に見てみましょう。例えば、気候変動の分野は確実にその一つです。気候変動は人類の存続にかかわる危機ですが、気候変動を抑制する施策が成長率を下げるとは限りません。再生可能エネルギーの活用をさらに促進するような施策により、経済を成長させることは可能です。

負の側面が懸念されることの多いＡＩ技術の分野にも、問題の解決と経済成長を両立できる可能性はあります。顔認証システムや私的な通信の〝覗き見〟を利用した国家による監視や巨大ＩＣＴ（情報通信技術）企業の情報収集は、ＩＣＴやＡＩ技術の負の側面です。現状では監視は国家の裁量に任されており、中国やアメリカ、サウジアラビアなどの政府が世界をリードしています。そこには通信技術やＡＩ技術への大きな需要があり、成長産業となっています。また、同時にＡＩ技術の発達が人々の仕事を奪う危険性への危惧もそこにはあります。

しかし、その方向に進まなければ、この分野での成長が望めないわけではありません。私たちは、ＡＩの技術を別のさまざまな方向に利用することもできます。監視や情報収集だけがＡＩの活用法ではないのです。ＡＩ技術を使って、人々のプライバシーをこれまで以上に守り、人々により豊かでさまざまなコミュニケーション手段を提供する方法を見つけることも可能なのです。製造業、サービス業、私生活のすべてにおいて、人間に優しく、人に力を与えるようなＡＩ技術を開発することはできるはずです。

大型核兵器開発などの軍拡競争は経済を成長させるでしょう。しかし、それだけが経済成長の方法ではありません。今の国際社会により安定した平和な状況を作り出すことができれば、核戦争の破滅的なリスクを排除することができ、安定は経済成長に寄与します。軍拡の停止は経済成長に反するわけではないのです。

――気候変動や他のさまざまなグローバルな問題の解決にも、国際協調がこれまで以上に求められるということでしょうか。軍縮にも大きな同盟が必要だということになりそうですが。

アセモグル　同盟が有効な場合もあるでしょう。ことに核兵器に関しては国際的な同盟が必要です。しかし、気候変動に関しては、国際的な協調ができればそれにこしたことはありませんが、それができないことを言い訳にはできません。

　過去40年間を振り返ると、気候変動に関する国際協調の試みはことごとく失敗していますが、にもかかわらず、グリーンテクノロジーは飛躍的に発展しました。国際的に協調できなくても、それぞれの国がリーダーシップを発揮して、取り組んできた結果です。

　グリーンエネルギーの分野ではスウェーデンが世界をリードしています。ＩＭＦが公表している２０２０年の名目ＧＤＰは世界第1位のアメリカの21兆米ドルに対し、スウェーデンは５４００億米ドルの24位で、その規模はアメリカの40分の１に過ぎません。そのスウェーデンが世界を牽引し、経済大国のアメリカや中国、日本ができないのはなぜでしょう。国際協調は理想ですが、問われるのは各国政府の覚悟と責任なのです。

自動化は人々を幸せにしない

——パンデミックの中で、あるいはパンデミック後の世界で、〝正常〟な状態を取り戻すために、何かアイデアはありますか。

アセモグル　私は三つの変化を推奨します。パンデミック前から主張してきたことですが、パンデミックにより緊急性は高まりました。一つは、アメリカのような先進国で社会的セーフティーネットを充実させることです。これは重要なことで、議論の余地はありません。うまく機能している北欧諸国でさえ合理化できる面がいくつかあります。

二つ目は株主の利益に関することです。企業の大半は株主の利益を最優先し、社会的責任は無視してきました。他のすべてを犠牲にしても、株主の利益を守ってきたのです。例えば、環境問題など、他者に与える悪影響には目を瞑ってきました。企業内でも株主の利益を優先し、賃金カットなど従業員の福祉を軽視することがあります。

企業はこうした株主最優先を改めるべきです。企業が従業員を大切にすれば、従業員は企業が掲げる目標に向かって努力するようになります。

そして、私が最も強く望んでいるのが、技術進化の方向を変えることです。株主の利益にも関連することですが、企業は自動化やコスト削減を重視し過ぎてきました。その結果、特に低学歴の労働者の雇用機会が小さくなりました。

繰り返しになりますが、今日では、自動化やロボット、ＡＩは重要な技術であり、今後も必要な技術です。特に、日本のように高齢化が進み、製造業などの労働力が不足している国にとっては不可欠な技術です。しかし、それが、どの国にも当てはまるとは限りません。アメリカについては既に述べましたが、資本に乏しく、労働力がありあまっている多くの開発途上国にとっても、自動化は人々を幸せにしません。コストが大き過ぎるうえ、仕事を奪うからです。

――現在の世界について、全体的な経済状況はどうご覧になりますか。回復基調にあることは共通認識となっていると思いますが、パンデミックの不確実性を抱える中で、今後も大きな成長が期待できるのでしょうか。

アセモグル　先進諸国の大半ではワクチン接種が進んでいますが、途上国の多くでは遅れています。また、(ワクチンの効果を低減する) 新たな変異株が出てくれば、再び、接客業などの経済活動が制限されるでしょう。そのため、欧州などの中・高所得国が、困難に直面する観光業や接客業をどこまで支えられるか、どのような政策を講じるかがカギとなります。

――バイデン政権の経済政策をどのように評価されていますか。

アセモグル　大胆で勇猛果敢な政策だと思います。新政権が打ち出した野心的な政策の多くに、とても感心しています。

アメリカの社会に求められているのは、社会的セーフティーネットと、インターネットや教育を含む社会インフラへの投資の幅広い見直しだと思います。バイデン政権がそれに踏み切ったことには感銘を受けました。法人税の引き上げやグローバルな最低法人税率の検討といったことに着手したことにも驚嘆しました。いずれも重要なことです。

中国には毅然とした対応を

――建国期のアメリカ、そして現代中国まで、歴史研究を踏まえて考察した『自由の命運』の著者として、現在の中国の経済的成功をどのようにご覧になっていますか。

アセモグル　中国が成功しているかどうかについては、経済的な成長だけではなく、総体的な視点で考える必要があると思います。成長の視点から見ると、過去30年に急成長を遂げたわけですから大成功です。何億人もの人々を貧困から救い出しました。しかし、総合的に見れば、成長以外の部分では大失敗しています。中国は包括的な経済システムを構築していません。不平等が蔓延し、その結果、今の中国経済は驚くほど不公平です。

今後は政治的・社会的な問題を注視しなければなりません。中国の権威主義的な傾向は習近平政権下でさらに強くなっています。市民社会は基本的に存在せず、自由なメディアもありません。学術機関は苦しんでおり、学問の世界の人たちは声を上げることを恐れています。独裁的な環境が続くと真の経済革命や実験はできませんから、社会的・経済的な損失は大きくなります。

――多くの途上国が、今回新型コロナウイルスへの対応で存在感を高めた中国の、権威主義的な統治方法や援助を称賛している状況についてはどうご覧になっていますか？

アセモグル　中国がいなくても、途上国の指導者たちから権威主義的な衝動がなくなるとは思いませんが、中国が権威主義的な指導者たちを援護しているのは確かで、権威主義的な国々の多くは、明らかに中国とロシアを模範にしています。トルコのエルドアン大統領やハンガリーのオルバン首相などは中国の成功を引き合いに出して、民主主義や自由なメディアを批判しています。そして、中国は干渉主義を強め、近隣諸国の非民主的な政権を支持しています。

――その中国とどのように向き合うべきなのでしょうか。中国経済は強力で、政治的な面のみならずグローバル経済の中にあっても、その影響力を無視することはできません。

アセモグル　難しい課題で、特に日本にとっては重要な問題です。これまでに二つの戦略が試されました。大失敗とは言いませんが、学習しておくべき失敗例です。

１９９０年代後半から２０００年代にかけ、アメリカは率先して中国にさまざまな特権を与え、中国を世界経済の一員に迎えようとしました。それによって中国で民主化が進むことを期待してのことです。その戦略は〝近代化論〟という理論に基づいていました。経済が豊かになれば政治体制は民主的になり、公民権が尊重されるようになるという理論です。未だにその理論の信奉者は少なくありませんが、私の研究では近代化論の誤りは明らかで、破棄すべき理論です。実際、中国の民主化への期待は裏切られ、アメリカの戦略は失敗しました。

私は、中国との貿易戦争を推奨しているのではありません。経済成長により中国が民主化するという幻想は捨てるべきだと主張しているのです。今後10～20年に中国で民主化が進むことは恐らくありません。その事実を受け入れた上で、中国との付き合い方は考えなければならないのです。

二つ目の戦略は、国際関係に関わることですが、先進国の中国に対する寛容戦略です。中国は特定の国から支持をとりつけるために、成長した経済の利点をうまく利用してきました。例えば、イタリアと取引して、ウイグル政策を欧州連合（ＥＵ）から批判されることを回避してきました。それが、中国に国際経済と内政とは別だとの誤解を与えた可能性があります。

欧米や、日本や韓国を含むアジアの民主主義国は、中国に対してより道義に基づいた態度で向き合うべきです。中国に対し攻撃的であるべきだという意味ではありませんが、人権問題や言論の自由などの問題に対し、これまでのような寛容な態度ではなく、毅然とした対応をとるべきだということです。

例えば、中国は香港の市民社会と民主主義を完全に破壊してしまいましたが、どの国からの批判も十分とは言えません。パンデミック対策でそれどころではなかったのだと分析する人もいるでしょうが、私は違う見方をしています。多くの国が、中国に反発すれば自国の企業や外交官が中国から制裁を受けるのではないかと危惧しているのです。しかし、これは民主主義国が協力すれば解決できることです。国々が団結すれば、力強い声を上げることができます。

――資本主義の問題を解決するためにも、民主主義を守る必要があるということでしょうか。

アセモグル　民主主義には多くの問題があるのは周知の事実で、行き詰まることもあれば効率が悪い時もあります。しかし、私の研究では、民主化は社会に平等なだけではなく経済成長をもたらすこと、民主主義国では他の政体の国より経済成長のスピードが速いことが明らかになっています。また、民主主義国では公共財への支出が増加し、教育や医療が向上することも分かっています。ですから、民主主義を守ることは重要なのです。

　民主主義は社会規範と大きく関係しています。市民が民主主義を信じていなければ、意見の二極化と憎悪が生じ、民主主義を維持することが難しくなります。トランプがアメリカの制度に与えた最大のダメージは、政党間で協力し、偏りの少ない政治環境を維持するといった政治的規範を蝕んだことです。

均衡の取れた経済成長

――「社会規範」が大事というお話がありましたが、歴史上の経済学の巨人たちからも学べるものがあると思います。たとえばソースタイン・ヴェブレンなど、彼の制度派経済学の理論をどのように評価されていますか。あるいは市場のあり方に文明論的な厳しい眼を注ぎ続けたカール・ポランニーなど。その理論は現在の問題に応用できるのでしょうか。

アセモグル　ヴェブレンは制度派経済学のパイオニアの一人だと思います。彼の理論の多くは優れていましたが、いくつかを除いてほとんど無視されていました。また、彼のアプローチの一部を、今の経済学に組み込むことが難しいのも確かです。

しかし、社会的・経済的・政治的な側面がどのように相互作用するかについての、ヴェブレンの幅広い見解に立ち返ることが、今の私たちにとって有効であることは間違いありません。

また経済学者にとっては、カール・ポランニーに立ち返ることがさらに重要だと思います。例えば、市場のように、自然で分散化されていると信じられているものの多くは、実は、規制といった国家の政策に関係していると、ポランニーは強調していました。これはグローバリゼーションの未来を再考する上で、とても重要なことだと思います。

――日本の経済学者では、宇沢弘文氏について、どのような考えをお持ちですか？

アセモグル　宇沢氏の研究を私はよく参考にしています。彼は成長理論の方向性に大きな影響を与えました。

私たちが今再考すべきかもしれないことの一つに、経済学者たちから「宇沢の定理」と呼ばれるものがあります。宇沢氏はこの定理で、均衡の取れた経済成長の方策を追求したのです。

過去20年間、資本家たちに利益が集中してきたため、経済はとても不均衡な形で成長してきました。この不均衡な成長について再考するためには、宇沢氏の定理はとても有効です。そして「宇沢の定理」を超える定理を提出し、さらに均衡を強化させた経済成長が実現できるならば、それはとても興味深いことだと思います。

根源的な問いに対する興味

――ご自身の発想の源、インスピレーションについて伺います。日本の書店では歴史書の棚やノンフィクションの棚、経済書やビジネス書の棚など、さまざまなジャンルでご著書を見つけることができます。これほど幅広い分野に精通できるのはなぜですか。ひらめきの源はどこにあるのでしょう。大きな影響を受けた方はおられますか。

アセモグル　10代の頃からですが、私を突き動かしてきたのは、根源的な問いに対する興味だったと思います。民主主義はどのようにして始まったのか、経済の起源は、経済発展の意味は――、そのような問いでした。そして、これらの問いに向き合うには、学際的にさまざまな分野の視点を持たなければならないと考え、歴史学や政治学、経済学、生物学などを学びました。野心的に大きな問いを掲げ、多様な分野を学んだことで、その問いに対する自分なりの刺激的な考え方を生み出すことができたのだと思います。それらがインスピレーションの源です。

自分と偉大な先人を比較するつもりはありませんが、例えば、アダム・スミスやダーウィン、マルクスも同じだったのではないでしょうか。マルクスの思想には賛同できませんが、彼が燃えるような情熱に突き動かされて複雑な現象を理解し、それを明確に示すために、それまでとはまったく異なる解釈を試みた事実は、本当に刺激的です。

20世紀の巨人はやはりケインズだと思います。ケインズのすべてに賛同するわけではありませんが、事象を根源的に再考した意欲と能力には刺激を受けます。社会学の分野ではバリントン・ムーアのような人々から影響を受けました。彼らは経済発展の比較理論を確立しようとしました。ムーアが論文を書いてから60年以上が経過した今日、ケインズの場合と同じで私はそのすべてには同意できませんが、彼もまた熱意を持って世界的現象を明確にしようとしていたのです。私はそのような刺激的な先人に影響を受けてきました。

欲望の暴走を食い止める社会規範

――最後の質問です。「欲望の資本主義」のシリーズを制作し続けている私たちの関心の一つは、タイトルが示す通り、人々の欲望です。ここ数年、私たちは欲望の負の側面ばかりを見せられてきたように思います。しかし、他方で欲望は人々の原動力であり、繁栄の源であり、より良い未来やより良い世界を創るものだとも思います。「欲望」をどのように定義されますか。資本主義において欲望が果たす役割はどのようなものでしょうか。

アセモグル　願望や欲望は、私たち人間が決して消し去ることのできない感情だと思います。消し去るべきでもありません。願望や欲望がなくなってしまったら、それはもはや人間ではありません。

他方、映画『ウォール街』で主人公ゴードン・ゲッコーが言い放った「欲望は善である」という台詞に象徴されるような、欲望を無条件に肯定する多くの新自由主義の経済学者や政策立案者の持論にはまったく賛成できません。欲望は、その他のあらゆる感情と同じように、善くも悪くもあります。私たちは欲望の方向性を修正しなければならないのです。時には抑え、そのエネルギーを違う方向に注がなければなりません。

そのために必要なことは、と10年前に問われていたら、私は「最も重要なのは法規制と制度」だと答えていたと思います。今でもその考えに基本的に変わりはありません。けれど、今答えるとすれば、法規制と制度に、社会規範を加えます。私たちは文明社会に生きているのです。社会が、つまり日常で周囲にいる人々が、個人の暴走に歯止めをかけるということです。

欲望や願望の暴走は法律や制度のみで抑え込むことはできません。法律の抜け穴を見つけたり、制度を悪用したりする人々が必ず現れるからです。その暴走を食い止めるには、健全な社会規範が重要な役割を果たすのです。

ＡＩの活用を例に考えてみましょう。ＡＩ技術は善のために使うと決めると想像してみてください。例えば、企業がユーザーが知らないうちに個人の情報を収集したり、ターゲット広告の嵐でユーザーの欲望を操ったりして大儲けするためにＡＩを使うことは禁止し、良い使い方だけを許容する規制法を作ることはできます。必要なことでもあります。しかし、それほど効果的でないことは明らかです。ＡＩ技術が実際にどのように利用されているのか、客観的に判断するのは非常に難しいからです。

効果的なのは、遠回りかもしれませんが、人々の倫理観の涵養です。ＡＩ関連企業の研究者や従業員が倫理に反することや非倫理的な行いを自覚できるようになれば、さらには消費者もそうなれば、ＡＩの非倫理的、脱法的活用に歯止めをかけ、ＡＩを善きことのみに活用する社会に近づけます。私が社会規範と言うのは、そのような意味です。

気候変動の問題に立ち返れば、温室効果ガス排出の抑制に効果的なことは、政府が化石燃料の利用を制限することよりも、人々がエコカーの普及を強く望んだり、膨大な量の二酸化炭素を排出する企業では働きたくないと考えたりすることです。このように、法や制度による規制と社会規範が補完し合う必要があります。願望や欲望のエネルギーを社会に役立つ方向に活用するためです。完璧はあり得ません。間違った方向に向かう競争が激化したり、悪しき欲望が過剰に噴出したりする状況は常に繰り返されます。しかし、社会規範がそうした欲望に歯止めをかけ、政府がその社会に寄り添う施策を適切に実施すれば、強力な抑止力になると思います。

第4章

コロナがもたらしたグローバル資本主義の終焉

社会を文明論的に考察する
歴史人口学者
トッド

エマニュエル・トッド

Emmanuel Todd

歴史人口学者

グローバル市場経済と国家や文化の関係を独自の視点から語るフランスの知性。

著書『大分断』他。

――最初に、フランスの現状について伺います。ロックダウンの中、いかがお過ごしですか。

トッド　私は家族と離れ、一人、ブルターニュで暮らしています。そこで、寂しく働いています。火星から話しているのと同じですよ。フランスの片田舎で一人、火星から地球を俯瞰するように世界のことを眺めています。ですから、浮世離れしているかもしれません。誰も私の言うことを真実と考える必要はありません（笑）。

――地球では、アメリカという大国で大統領選挙が実施されました。

トッド　存じています。丁度、その分析をしているところです。

分裂したアメリカ

――お聞かせください。

エマニュエル・トッド

トッド　人種や性別、教育レベルや所得水準によって得票分布に多少のばらつきはありますが、今回（２０２０年）の選挙では、トランプに投票した男性が若干減りました。他方で、高学歴で裕福な層がバイデンに投票しています。そこから特権階級が結集したことが見て取れますが、それは小さな変化に過ぎません。

選挙結果を分析すると、アメリカの社会的・政治的な構造が明確になります。勝利した民主党の支持層を見ると、かなり不均一な構造をしています。階層で見るとエリート層と貧困層の両者がバイデンに投票し、さらに中間層の一部も民主党支持です。人種別で見るとアフリカ系有権者の90%、ヒスパニック系の3分の2、アジア系も3分の2がバイデンを支持しました。民主党の支持者の構造はかなり多極化しています。

一方のトランプ支持層は、階層はさまざまですが、白人有権者を主体に構成された均質な集団です。中間層や低学歴層ばかりでなく、高学歴の白人にも支持は広がっていました。トランプ支持層は、人々の印象ほど教育レベルが低いわけではありません。とても安定した構造なのです。

大統領選挙の結果から見えるのは、二つのブロックに分裂したアメリカの姿です。

――2016年のアメリカ大統領選挙の際、教育格差や自由貿易と保護主義の対立を強調されていましたが、今回の選挙では、そこに変化は見られましたか。

トッド　トランプ政権下のアメリカ経済はかなり良好でした。欧州では、人々を唖然とさせるようなツイートに象徴されるトランプのヒステリックな一面ばかりが強調されていましたが、経済政策は理に適っていました。それは、各国のメディアが指摘している通り、トランプ政権下で世帯所得の中央値が17%も上昇したことがよく示しています。

中央値の上昇はオバマ政権下で始まっていましたが、トランプの政策はそれを加速させました。貧困指数は桁外れに下がっています。選挙をテーマに考える時、逆説的なことではありますが、ことにアフリカ系市民の世帯で貧困指数は下がりました。

アメリカ経済の好転の理由は定かではありません。オバマ政権時代から始まっていたことですから、トランプ政権が強力に推し進めた保護主義的な政策の効果とは言えません。理由は断定できませんが、現時点でもアメリカ経済の好調は続いています。

グローバリゼーションの死亡診断書

——新型コロナウイルス感染症の猛威が世界経済や国際秩序に深刻な影響を与えています。今後、世界は、とくに国際経済はどこに向かうのでしょう。

トッド　コロナのパンデミックは、グローバリゼーションの時代にある世界を茫然自失させるような結果を招いています。どの国も同じ問題に直面しています。サプライチェーンの問題です。多くの国々が食糧や衛生用品などの生活必需品の生産を国外に委託していたからです。パンデミックをきっかけとして、多くの国々が、自由貿易がリスクをもたらしたと捉えています。

新型コロナウイルス感染症の流行が収束するかどうかは分かりません。収束できるにしても時間がかかることは、間違いありません。結果、このパンデミックによりグローバリゼーションは昏睡状態に陥ると予測しています。議論の余地はありません。

食糧の安全保障という非常にシンプルな理由から、世界の各国が、コロナによって国内の産業を保護しなければならないことを理解したからです。あるいは、今後、思い知らされることになるからです。

例えば、フランスは国内でマスクを製造していなかったことや、市民が必要とする医薬品のすべてを製造していなかったことの弊害を思い知らされました。世界の各国の政府がその危険性を理解すれば、あらゆる生活必需品の生産拠点を国内に戻すことになるはずです。つまり、コロナは、グローバリゼーションのルールの死亡診断書となり得るのです。

――つまり、長く続いたグローバリゼーションの時代は終焉し、世界は再び各国が内に閉じ籠る時代に向かうということですか。

トッド 終焉は始まっています。歴史を振り返れば、１９８０年頃から急速に進展し始めたグローバリゼーションの基盤となったのは、冷戦時代の１９７０年代のキッシンジャーによる中国との新たな和合＝米中国交正常化と、80年代にレーガン政権が推進した政府の介入を極力抑え市場の自由競争による効率化を目指す新自由主義への方針転換でした。この状況下で、金融のグローバリゼーションと並行して、中国は変貌し始めました。世界の工場への変貌です。１９７２年のニクソン訪中は、グローバリゼーションの地政学が始まる号砲だったのです。

現在起こっていることは、その米中の和解を根底から破棄することです。中国の台頭は、アメリカの目には戦略上のライバルの登場と映っています。つまり、昨今の米中間の対立は、ある意味で、グローバリゼーションの終焉の始まりでもあり、それは、パンデミック以前から起こっていたことでした。

実は、私はこの状況にかなり満足しています。トランプの真の勝利は、中国に対するアメリカの世論を覆したことだと思います。トランプは貿易の不均衡とアメリカの製造業の空洞化を解決することを訴えて登場し、政権を獲得しました。トランプが「アメリカが病んでいる」と言う時、それは、アメリカの労働者の仕事を奪った中国との貿易競争に起因する病を指していました。

アメリカの地政学者やエリート層もトランプの考えを支持しました。中国は貿易や社会の問題の原因となっているだけでなく、世界戦略の上のライバルでもあるという考えを受け入れたのです。中国は警戒すべき大国であり、打ち克たなければならない強豪国だという考えです。

今や、中国は、アメリカさえも超越する、新しい全体主義社会のモデルとして台頭し始めています。全体主義はウイルス撲滅の初期段階で効果を発揮するはずです。全体主義のシステムは社会の政治的な統制を可能にするからです。そのため、中国はアメリカだけではなく、欧州や日本など民主主義的な価値観を共有するすべての国の人々にとっての脅威となってきています。

そうした国際関係の微妙な変化の潮流の中で、トランプはグローバリゼーションの行く末、つまりその終焉に大きな役割を果たすことになったのです。その手法は極端ではありましたが、それがトランプの功績です。現在は戦略の重大な転換期ですが、この点で新政権にそれ以上のことができるとは思えません。

アメリカの関心の中心が、欧州や中東から、太平洋と中国の問題に移行したのは、オバマ政権時代から始まっていたことです。そうした流れの中にあってトランプには欧州や中東に対して離脱の論理を徹底的に貫く勇気がありました。そして、その上で中国をライバルと見なしたのです。

無秩序状態に陥ったヨーロッパ

——欧州の状況はどうなるのでしょう。

トッド　昨今の欧州はドイツが牽引していましたが、コロナがもたらした混乱は大きく、それ以降完全なる無秩序状態に陥っています。パンデミックとその経済への影響に対して迅速な対応ができていません。欧州の統治機構の官僚主義と、グローバリゼーションに重要な役割を果たしていた多国籍のメカニズムが、決断を妨害する仕組みになっているということです。欧州で復興計画を作成するには、膨大な時間を費やして交渉しなければならず、一種の分裂と機能停止が入り混じった状態になっていると感じています。

そもそも、コロナ危機以前から、欧州は危機的状況にありました。日本も同じですが、人口の減少が社会の維持に重大な危機を招く水準まで大きくなっているのです。コロナ以前からの危機とコロナによる危機を考え合わせると、今後の国際秩序の変動

（p.123 上の写真：Kiran Rindley/Getty Images）

に関し、欧州が主要キャストとなることはないと思います。

コロナ禍でさらなる苦境に立たされたイギリスは、立ち直るには欧州連合（EU）離脱だけでは不十分で産業機構の復興が不可欠と認識していますが、それには時間を要します。コロナ危機に最も適切に対応するのはスウェーデンでしょう。理由は分かりませんが、スウェーデンの人々はこれまでも他国よりうまく危機に対応してきました。それが歴史的事実です。

フランスは壊滅的な状況です。指導層は思考停止状態で迷走し、経済施策の一つも打ち出せずにいます。そればかりか、人々の不満の矛先をかわすため、イスラム教をスケープゴートにしてイスラム恐怖症を煽ったりしている始末です。

このように、アメリカも中国も日本も欧州の各国も、それぞれ違う状況で異なる問題を抱えています。私たちは細分化された世界に生きているのです。そして、その今の世界で、欧州は主役ではありません。主役はアメリカと中国です。崩壊することなく今後もリーダーであり続けるアメリカと、絶大な力を持つに至った中国です。

米中の対立により、世界秩序の再編が進んでいますが、今後の世界の主役を張っていく上で、中国に弱点がないわけではありません。中国もまた人口問題を抱えています。日本ほどではありませんが高齢化の問題です。また、政治機構に保守主義が蔓延り硬直化しているため、真の意味で世界のリーダーになるために求められる柔軟性や知性、対応能力といった資質が備わっているとは思えません。さらに、有能な人材の海外流出で改革する活力を失っています。そのため、世界秩序を巡る米中の戦いで中国が勝利するとは、私は微塵も予想していません。

ケインズはトランプを評価する

――グローバリゼーションが昏睡状態に入るとのご指摘ですが、状況に応じて様々なカードを切ったケインズが今の世界を見たら、どのように評価するとお考えですか。

トッド　それを想像するのは面白いですね。ケインズは実利を重んじる自由主義者でしたが、資本主義を救う目的であれば、政府を活用すべきだと考えた人でした。ですから、ケインズが今の世界を見たら、１９２９年の世界恐慌の真っ只中に彼が発言したことと、まったく同じことを言うと思います。つまり、企業は国内での生産事業に集中し、政府は保護主義を取り入れ、さらに内需の拡大に努力すべきだ、と言うと思います。

ケインズがトランプをどう評価するかを想像するのも刺激的ですね。世界恐慌の時代にケインズはルーズベルトの諸政策を「とても素晴らしく、正しい」と評しました。そう考えると、ケインズはトランプをこき下ろすようなことはしないと思います。少なくとも、『ニューヨーク・タイムズ』や『ワシントン・ポスト』に論説を書いている現代の新ケインズ主義者のようには、批判しないはずだと思うのです。

ケインズは、トランプがグローバリゼーションの負の側面を解決するために下した判断を評価するはずで、トランプの保護主義を称賛したと思います。が、他方、アメリカ国内の自由主義政策や非課税措置は批判したでしょう。そして、なぜ、現在のアメリカの世帯所得の中央値が上昇しているのか、分析を試みるのではないかと想像します。

トランプの人格や個性は嫌うと思いますが、経済的なセンスには魅了されたかもしれませんね。トランプは財を成した人で、ケインズも金融投資には関心を持っていましたからね。

――資本主義の様々な壁が指摘される中、歴史上の知の巨人とされる、経済人類学者のカール・ポランニーが再び注目を集めています。人間的な資本主義を標榜するポランニーへの評価をお聞かせください。

トッド　私はカール・ポランニーに概ね賛同しています。私にとってのポランニーは、経済とは生活に密着しており広大な社会の中にあると主張する人々の系譜にある先達で、その意味において、私もその系譜にあります。換言すれば、社会は国や民族などによりそれぞれ異なっており、そのため、資本主義もそれぞれの社会で異なった仕方で機能しているとの主張です。日本の資本主義や共同体の絆は、アメリカのそれともロシアのそれとも違います。資本主義の対抗勢力としての共産主義が事実上消滅した今、世界には多種多様でバラエティに富んだ資本主義が存在しています。同じコロナ禍にあって欧州の各国がそれぞれ違った状況にあるのは、その表れでしょう。

課題は人口問題

――グローバリゼーションにはブレーキがかかり、国際秩序は米中対立を基軸とした地殻変動を始めています。そのような状況で、資本主義の最も重要な課題はどこにあると思われますか。

トッド　望んでおられる回答となるか分かりませんが、私が最も懸念しているのは、先ほども少し触れた通り、人口の問題です。この問題の解決を最優先しなければなりません。欧州や日本や中国にとって最も深刻な問題は人口のバランスであり、出産の問題です。

日本を例に考えてみましょう。日本はデフレーションなど経済の問題を抱えています。しかし、もっと深刻なのは高齢化と少子化による人口減少です。ですから、日本の問題を解決するには、単純な経済理論でもポランニーが求める人間的な資本主義でも、日本独自の資本主義でもなく、出産を促進するしかありません。そして、日本における出産の問題は、即ち、女性の社会的地位の問題に直結します。日本では、高等教育を受け労働の機会を得た女性が、出産し子育てをしながら仕事を続けることが非常に難しい状況にあります。

日本で格差が拡大しているのは確実です。日本は重層構造の社会であり、下層階級の人間は上層階級を敬い、また上層階級は下層階級の人間を尊重しています。フランスやアメリカ社会のそれとは違って、能力主義者たちが下層階級の人々をあからさまに軽蔑するようなことはありません。しかし、反対に男女の不平等の問題は深刻です。つまり、日本社会で深刻な問題は、階級差別の問題ではなく性差別の問題なのです。断っておきますが、私は日本の男女不平等を告発しているのではなく、問題が複雑であることを指摘しているに過ぎません。

――今日の日本には、正規雇用者と非正規雇用者の格差や、ご指摘の男女不平等の問題があり、子育ての経済的負担が大きいという問題もあります。少なくない人々が、経済的理由から出産を断念しています。近年では、高校や大学などの無償化の議論も始まっていますが、有効な具体的対策はあるのでしょうか。

トッド　フランスの出生率が高い理由の一つが、中等教育と高等教育が無償であることは事実です。中流階級の人々にとって子育ては費用のかかることではありません。しかし、当然のことですが、それは社会的合意があって初めてできることです。フランス人は女性が仕事をすること、出産しても仕事を続けることは当然のことと考えています。国家の決定の背景には社会的期待があるのです。

国家が高等教育を含めた教育を無償化すべきであることは当然ですが、今の日本でそれを実現するのは不可能でしょう。結局のところ、日本は比較的短期間で経済を復興させることを優先しているからです。経済を中心とした統治理論から逃れられないのです。ですから、現実的な解決策としては、出生率の改善と文化や精神的な面を改革することでしょう。一つは、もちろん、職場でも家庭でも性差別をなくすことです。

もう一つの提案は、おカネのことを深刻に考え過ぎないことです。日本人は経済的な問題を深刻にとらえ過ぎているように私には見えます。学業での成功や職場での出世などを重視し過ぎる傾向も見受けられます。フランス人の私にとっては言うのが憚られることですが、フランスの出生率が高いもう一つの理由は、フランス人がいい加減だからです。あまり、ものごとを深刻に考えません。日本人も少しだけ、生真面目さから脱却すればよいと思います。もちろん、経済が大切でないと言いたいわけではありませんけれどもね。

階級や国家への信仰の消滅

——社会的合意に言及されましたが、社会的合意の形成には中間層が鍵となります。格差の拡大が富裕層と貧困層の両極化を生み中間層が崩壊すると、これまでのような社会的合意の形成が難しくなることが予測されます。それは、安定した資本主義の崩壊につながる恐れもあります。その先には、どのような事態が待っているのでしょうか。

トッド　社会階級について考える時、私は中間層の上層と下層を区別します。深刻な問題は、下層階級の困窮だからです。

問題の解決にはなりませんが、問題を理解するには社会階層の変化を深く見ていかなくてはなりません。現在起こっていることは、すべての階層のさらなる細分化です。その原因は、個人主義の蔓延にあります。換言すれば、集合的〝信仰〟の消滅です。階級意識は既に存在していません。国家への帰属意識も、欧州では欧州連合（ＥＵ）への帰属意識も、存在していません。階級や国家などへの帰属意識は、信仰と同質のものです。

つまり、社会的合意の形成が難しくなっているとすれば、その背景には、国家や階級など、あらゆる集合体に対する〝信仰〟の欠如があるのです。社会を成立させているのは、個々人だけでも、社会的階層だけでもありません。共同体への帰属意識に基づいた結束力や一致して行動する力がなければ社会は成立しないのです。唐突に聞こえるかもしれませんが、私たちは宗教の問題に近いところにいるのです。

私は形而上学者ではありませんし、特定の宗教の信者でもなければ、信仰心があるわけでもありませんが、現在の状況を非常に悲観的に捉えるなら、経済のコントロールでは問題は解決しません。なぜなら、それが宗教的な問題だからです。

問題を解決するには人々の結束力が求められ、人々を結束させるのは国家や階級などなにがしかの共同体に対する帰属意識であり、それは広い意味での信仰です。私たちが今経験しているのは、人々が結束し得ないという状況なのです。残念なことに、何が人々の集合的信仰を生み出すのかという問いに対する答えは持ち合わせていません。

もしかすると、集合的信仰は、拡大する貧困層の間に生まれるかもしれません。貧困層の大集団は共同体の結束を促します。あるいは、国家への集合的信仰は外部との対立によって促されるかもしれません。例えば、中国との対立が結束を促すかもしれません。暴力性が国家の結束を促すかもしれないのです。フランスで見られるイスラム嫌悪のように、スケープゴートを作ることが共同体への信仰の欠如の解決策になるとは考えたくありませんが、敵を作ることは結束を促します。つまり、私たちは経済の問題からはかけ離れた場所にいるのです。

記号の支配から現実への回帰

――もう一度、コロナが世界に及ぼす影響の問題に立ち返りたいと思います。人類

はコロナにより大きな犠牲を払いましたが、コロナを経験したことにより、コロナ後の社会や経済に何か良い影響や変化が起きることはあり得ますか。あまり想像できませんが。

トッド　コロナは凄惨を極め、多くの人々を死に追いやっていますが、今のところ、社会の均衡を危機に陥れる性格のパンデミックではありません。誤解を恐れずに言えば、死亡者の大半が高齢者だからです。私自身も重症化と死亡リスクの高い高齢者の一人です。つまり、今回のパンデミックは今のところ、人口構造そのものに大きな変化を及ぼしてはいません。

一方で、コロナ危機は、経済や社会の考察に大きな質的変化をもたらしました。ここしばらく、私たちは「記号の消費」の世界に生きていたのです。数字や記号ばかりが圧倒的に幅を利かせ支配する世界に、です。経済予測や物価指数や利益率など、あらゆるものを数字や記号に置き換え、非物質化するという手法の勝利でした。

しかし、今回のパンデミックで、人々は人が生きていく上で基本となる物質的な事象にもっと目を向けなければならないことをあらためて認識したのだと思います。数字・記号から現実への回帰です。現実とは、つまり、工業生産や労働者の質、ことに医療従事者の質です。そこに目を向けずにはいられませんでした。物質を伴うもの、目に見えて手に触れることのできるものを直視することなしに、社会や経済の問題は考察できません。コロナはその現実回帰へのきっかけとなると思います。

私が望むのは、現実回帰する人々の目が、人口問題に向けられることです。工場での生産も重要ですが、社会を存続させるには子供を産み育てなくてはなりません。経済のバランスより、人口のバランスの方が社会にとってははるかに重要なのです。

欧州や日本だけでなく、中国までもが人口の問題を抱えています。ですから、今回のパンデミックは医療の危機を意識させたことをきっかけとして、人類が直面している生物の種としての危機、種として脆弱になっていることに目を向けることに役立つのではないかと考えています。

資本主義のパッチワーク

――最後の質問です。現在の資本主義についてどうお考えですか。その将来につい

てもご見解をお聞かせください。

トッド　それは存在していません。もちろん、今の世界で唯一機能している経済は資本主義です。しかし、それは均質の資本主義ではなく、多種多様な資本主義です。資本主義には多かれ少なかれ国家のコントロールや介入があり、事情は国々によりさまざまです。

私たちは以前のような「クレイジーな資本主義」から脱却しつつあります。「クレイジーな資本主義」というのは、世界や国家が消滅し、共同体に帰属しない個人だけがマーケットに存在しているという幻想から成り立っていました。しかし、そのような資本主義は生まれ変わりつつあります。新しい資本主義は国家の制御を受けた、多種多様な資本主義のパッチワークのようなものになることでしょう。資本主義の後に来るのは、姿を変えた資本主義であることに間違いはありません。

――つまり、私たちが資本主義から脱却する日は来ないということですね。

トッド　脱却する必要はありません。資本主義によって私たちの生活は豊かで快適になってきました。このインタビューのありようもそうです。私はブルターニュにいて、通訳の方はパリにいて、あなたは東京にいます。遠く離れた場所にいながら、互いの顔を見て笑い合い、意見を交換しています。私が子供だった頃には電話をかけるために村の食品店に行かなければならなかったのです。それを実現したのは資本主義です。資本主義にさまざまな問題や課題があるのは確かですが、偉大なことも成し遂げたのです。

第5章

感情に支配される市場

新理論「適応的市場仮説」を
提唱するパイオニア
ロー

アンドリュー・W・ロー

Andrew W. Lo

経済学者／マサチューセッツ工科大学教授

市場を有機的に捉え直す独自のファイナンス理論で高く評価される経済学者。
著書『適応的市場仮説』に注目が集まる。

適応的市場仮説とは

――あなたは金融経済の専門家として、過去数十年間、投資やリスク管理、経済のシステミック・リスク対策などを研究されてきましたね。昨年、日本でもご著書の『Adaptive Markets　適応的市場仮説』が出版され、話題となりました。この仮説はどのようにして生まれたのでしょうか。

ロー　従来の経済理論がさまざまなデータと適合しているかどうかを調べる研究がきっかけです。今までの理論から予測される状況と、実際のデータとがかけ離れ、現状を説明できない主流とされてきた「効率的市場仮説」による経済理論に疑いを持ったことも大きな理由です。一方で、相場には理論では説明できない規則的な現象（アノマリー）があります。そのようなアノマリーを説明するために、それの起源について理解しようと試みた結果生まれたのが「適応的市場仮説」です。

投資家の心理や人間の行動の理解から始まり、関心は脳や認知科学、進化生物学、

アンドリュー・W・ロー

生態学へとつながり、最終的にそれらのピースを組み合わせて従来の思考法に代わる新しい枠組みを考案しました。従来の理論は数学や物理学の原理に基づいて人々の行動を予測しますが、「適応的市場仮説」では人間の相互作用を予測するために生物学の考えを応用しています。市場で人々は単に「経済的効率」「利潤最大化」を目指すのではなく、社会制度も含め、環境に適応するように行動すると捉えた方が、説明がつきます。人間の「進化」が、様々な役割を果たしているのです。

――世界経済の現状をどう評価されていますか。

ロー　パンデミックの影響で世界経済は苦闘しています。それが過去の状況との顕著な違いです。例えば、２００８年の世界的な金融危機とは状況が大きく異なります。私たちが直面しているのは公衆衛生上の危機ですが、その影響が金融システムにまで及んでいます。

　ワクチンやその他の治療薬が開発されたおかげで、パンデミックからの回復の兆しが見られるようになりましたが、傷付いた経済を回復させるための財政的な問題は山積しています。新型コロナウイルス感染症の影響で人々が被った直近の経済的な損失に対応する一方で、パンデミックから経済を立て直すための将来に向けた計画を立てようとしている状況なので、今は非常に複雑な状態にあると思います。

そのため、金融市場の混乱も今後1年近く、しばらくは続くと思いますが、それ以降は、世界経済は順調に回復し、その後10年間は驚異的な成長を遂げるに違いありません。

――現在の株式市場をどのようにご覧になっていますか。市場は好況ですが、これはバブルなのでしょうか。「適応的市場仮説」では、理性だけでなく人々の感情が市場に影響を与えると指摘されていますが、現在の市場には人々のどのような感情が影響しているのでしょうか。

ロー　バブルは、崩壊しないとバブルであったことに気付けないという困った性質があります。そのため、今の状況がバブルであるかどうかは明確ではありませんが、この6～9カ月の間、金融市場が好調だったことは間違いありません。２０２０年の初めの頃は、パンデミックの発生で大きな打撃を受けましたが、6月以降はまるでパンデミックなどなかったかのように回復しました。

株式市場は、現在の経済状況だけではなく、予測されるすべての利益を反映しています。金融市場は水晶玉のようなものなのです。この先の数日間だけでなく、数十年の間、人々が何に期待するのかを映し出しています。私が今後経済は大きく成長すると思う理由はそこにあります。

金融に関わる人々はパンデミックの世界経済への打撃は一時的なものだと考えています。公衆衛生危機により一部の経済活動を一時的に停止していることが原因だからです。経済活動の停止は、治療のために麻酔をかけて重病人を昏睡状態にしているようなものです。その間に手術をして命が救われれば、患者は意識を取り戻し日常生活に復帰できます。私たちは今、1年間昏睡状態だった世界の経済を回復させているところなのです。

金融市場はそのことを理解しています。株式市場は今後6～12カ月の間に、これまでよりもはるかに力強い回復を遂げるでしょう。

景気刺激策には慎重が肝要

——単なる期待ではなく、実際に好転するのでしょうか。

ロー 金融市場では期待が大きな役割を果たしていますが、それだけではありません。現実と期待の双方が評価額を左右します。期待や楽観的傾向と信用のいずれもが市場で重要な役割を果たしています。知的で勤勉な市場参加者が大勢いる場合、通常は合理的な考えや調査、データサイエンスに基づいて〝期待〟が形成されます。つまり、期待には合理的な理由があるのです。

適応的市場仮説では人は必ずしも理性的ではないことを前提としていますし、人々が感情的に反応することは確かです。しかし、一方で、人間は状況に適応することができます。困難な状況に見舞われると、適応力が高い種が現れ、適応できなかった種族は消滅していきます。ビジネスも同じです。パンデミックの影響で、多くの事業が再編成やビジネスモデルの変更を余儀なくされました。例えば、飲食業界は適応を迫られました。その多くは廃業しましたが、オンラインシステムを利用したり、パンデミック下での食のニーズに応える新しいアイデアを考案したりして適応したお店は生き残りました。このように、適応できずに廃業する事業がある一方で、21世紀に相応しい新ビジネスがこの状況からたくさん出現し、適応能力の高いビジネスに育つことは間違いありません。

――アメリカの経済刺激策についてお伺いします。バイデン政権は対策の第二弾として2兆ドル規模を投入する計画ですが、国家の存在感が市場に及ぶと、経済にどのような影響を与えることになるのでしょう。

ロー　これは難問です。政府の介入や財政支出を強く支持したケインズを筆頭に、多くの経済学者が頭を悩ませてきた問題です。１９２９年にアメリカで大恐慌が起きた後、ケインズは次のように主張しました。「人を雇って穴を掘らせ穴を埋める人を雇い元の状態に戻し、彼らに給料を払う。そうすることで雇用が生まれ消費が生まれる。そしてそこから新たなビジネスが生まれ、経済が再起動することになる」――。

ケインズが発表した『一般理論』の中でもこの提案は非常に急進的なものでしたが、この方法が実際に効果があることが徐々に分かってきました。短期的には機能するので、経済を再起動させるという意味では間違いなく有効です。

中期的に見ても、景気刺激策が経済の生産能力の向上を後押しするのであれば、非常に有益です。経済学者は消費者に1ドルを与える場合と、労働者を雇用して商品やサービスを提供する企業に1ドルを与える場合にどのような影響の違いがあるのか比較して研究しました。どちらも効果的ではありますが、単に消費者に現金を給付するよりも事業の再開を支援する方が大きな成長をもたらすことが多いことを経済学者たちは認識しています。なぜなら、将来に不安を抱いている消費者の多くは給付金を貯金してしまうからです。企業や消費者が将来の生産的活動のために投資せずに給付金を貯金してしまうと、生産能力の向上につながりません。

短期・中期的に見ても景気刺激策はもちろん有効です。しかし、長期的に見ると有効とは言い切れません。景気刺激策に慎重さが欠けると、経済を刺激し過ぎてインフレを引き起こしてしまうかもしれません。そして、国内外の投資家たちの間でその国の通貨が信用を失うようなインフレが起きると、壊滅的な打撃を及ぼしかねません。

第一次世界大戦後のドイツや、１９８０年代後半から90年代にかけてのアルゼンチンやブラジルで起こったハイパーインフレがその例です。ですから、景気刺激策は慎重でなければなりません。

過去においても現在においても、景気刺激策が不可欠なことは間違いありません。しかし、それを有効に活用するには、必要な場合には迅速に実施し、必要がなくなった場合にはすぐに解除する、賢明な対応力が求められます。

――過度なインフレへの警戒は欠かせないということですね。

ロー　その通りです。今のところ、アメリカではインフレは抑制されているように見えますが、状況が急変する可能性もあります。

――「長期」と仰いましたが、具体的にどれくらいの長さでしょうか？

ロー　5年から10年の期間を想定しています。今後3年から5年はうまくいくと思います。それどころか、アメリカや世界各地で極めて力強い成長が実現すると思います。しかし、高成長が実現した際には景気刺激策を素早く解除しなければなりません。対応が遅れると経済を刺激し過ぎてしまい、5年以内に金融危機といった別の重大局面を迎えることになるかもしれません。

群衆の英知か暴徒の狂気か

――「ゲームストップ騒動」「個人投資家がSNSとスマートフォンの株取引アプリケーションを利用して、安値だったゲームストップ株を大量に購入し、空売りを目論んでいたヘッジファンドに巨額の損失を与えた騒動。2021年1月末にアメリカで発生し、ゲームストップ株は1カ月で20倍に高騰し、ヘッジファンドは70億ドル以上の損失を被ったとされる」について伺います。当初は日本でも邪悪なヘッジファンドと個人投資家の対決といった物語として報じられました。

ロー　ゲームストップ騒動は、金融市場にとって非常に重大な転換点になる事件だったと思ってます。大勢の個人投資家が公開型の掲示板に集まり、業績が不調だった会社の株価に甚大な影響を与えたのは初めてのことです。一定の期間、持続可能とは言えない価格にまで株価が高騰しました。掲示板の参加者によると、利益を得るためではなく衝撃を与えることが目的だったようです。

これはとても珍しいことで、証券規制の観点から見て合法か違法かも明白ではありません。通常は市場価格を操作する目的の取引は違法な投資とみなされますから、ゲームストップ株への投資は証券取引法に抵触するのではないかと問題になっています。

しかし、彼らの目的は著名な機関投資家たちと同じで、社会にインパクトを与えることでした。例えば、ポートフォリオマネージャーたちの中には、社会的責任を果たすためにタバコやカジノ、銃の製造会社には投資しないと公言する人がいますが、それとゲームストップの投資家たちと違いがあるとは思えません。証券取引法の観点では、顧客に信託されて投資を行う場合、顧客のリスク調整後リターンを最大化する以外の理由で投資を行うと、受託者としての義務に違反する恐れがあります。

今日では、ＳＮＳで情報を拡散するなど、ある目的のために不特定多数の人々にメッセージを送り、動員もできる技術の発達により金融市場の力学が変化しています。そのため、証券取引法の見直しが求められています。投資家が特定の目的のもとに団結し、短期的に市場価格を動かす力を持っていることを考慮した上での見直しが必要なのです。解決策は分かりませんが、適応的市場仮説の考え方が解決のヒントとなることは間違いありません。

――「ロビンフッド」のような株式投資アプリを持っている人はたくさんいますが、誰もが簡単に株の取引ができるようになることで市場の予測は難しくなりますか。

ロー　誰もがアクセス可能なソーシャルメディアは、市場に新たな種類の投資家たちを生み出しました。彼らはある社会的な課題を実施するために素早く集まり、市場価格に大きな影響を与えることができます。私たちは株式市場という生態系に発生した〝新たな種〟を認識した上で、市場の行方を予想しなければなりません。

――ゲームストップ騒動では、「群衆の英知」が働いていたのでしょうか。あるいは「暴徒の狂気」だったのでしょうか。

ロー　面白い質問ですね。ヘッジファンドを邪悪だと考える人々にとっては、ゲームストップ株に投資した個人投資家は、短期間でヘッジファンドを懲らしめた賢者のヒーローです。一方で、事業の価値を測るために金融市場を見ている立場からすれば、狂気じみた暴徒が市場をしばらくの間乗っ取った騒動に見えるでしょう。騒動の期間中、ゲームストップの株価は、その事業価値と著しく乖離しました。

英知か狂気かは、見る側の立場や考え方によって判断が異なります。金融市場の力学を規制・監視するためには重要な問題です。規制当局は金融市場の存在意義を考え、問題を解決しなければなりません。

今現在、まだご質問の答えは分かりませんし、簡単に見つかるとも思えません。私たちはこれからの数年間、この新たに出現したエコシステムに対する答えを探していくことになると思います。

槍の穂先と炭鉱のカナリア

——噂やデマが拡散する、いわゆるインフォデミックと呼ばれる大量の情報の氾濫によって、株価が大きく変動することがありますが、それを避けるためにはどのような対策が必要ですか。

ロー　金融市場の狙いは、ある意味で情報を集めることにあります。ですから、まさに大量の情報そのものと言えるインフォデミックの影響を避ける方法があるかどうかは分かりません。もちろんすべての情報が正確とは限りません。が、噂も情報の一部です。金融市場にとってはそれも重要なのです。

「群衆の英知」には群衆が不可欠で、群衆がいなければ崩壊します。ここで言う群衆とは、異なる見解を持った投資家たちから成る大きな集団です。投資家たちが株を取引する中で判断を下し、それぞれの見解が反映されます。市場価格にはその平均値のようなものが現れます。

一方で、全員の意見が同じだとすれば、その集団は知識のある群衆ではなく、暴徒の集団に近くなります。だからこそ、金融市場のプレイヤーには多様性が求められるのです。

株価に影響を与えるような事実ではない噂が広がると、投資に失敗してしまうことはあります。私にはそれを避ける方法は分かりませんが、投資家の不正行為を禁じておけば、そうしたことが生じる可能性を最小限に抑えることはできます。例えば、虚偽の情報で株価を操作することを禁じるといったことです。しかし、もちろん、投資家は時には投資に失敗することもあることは覚悟しておかなければなりません。

——ヘッジファンドに、悪い印象を持つ人も少なくありません。一方、経済学者には投資マネージャーになる人も大勢います。あなたは投資会社の設立者でもありますが、ヘッジファンドについて、どうお考えですか。

ロー　ヘッジファンドは、刺激的で謎めいていて、危うい可能性を秘めた存在だと思われがちです。ジョージ・ソロスやジェームズ・シモンズといった著名人たちがそういった印象を与えています。彼らは、人々を虜にするとても興味深い人たちですが、時折、とんでもないことに関わることがあります。

マスコミもヘッジファンドを神秘のベールで被うのが好きですが、私たち専門家の目にはそのようには映っていません。専門家はヘッジファンドが経済に重要な役割を果たしていることを知っています。彼らは〝槍の穂先〟であると同時に〝炭鉱のカナリア〟でもあります。

ヘッジファンドは投資チャンスに真っ先に飛びつくため〝槍の穂先〟と呼ばれることがあります。例えば、2008年の金融危機の際には〝有害〟な資産の流動性が大きく低下しました。銀行が破綻し始めた理由はそうした不良債権を抱えていたためです。この時、ヘッジファンドはその債権を買い集めました。そして、その〝有害な資産〟でヘッジファンドに投資する投資家たちに利益をもたらし、最終的には市場を好転させ資産の〝有害性〟を大幅に減少させました。それまでになかった高リスクな投資チャンスがあるところには、必ず、ヘッジファンドが顔を覗かせます。

一方で、ヘッジファンドはリスクの高い投資を行うため、金融市場が混乱すると真っ先に損失を被ります。2008年の金融危機では少なくともその2年前から打撃を受けていました。危機の2年前にその前兆となる影響を受けていたわけですから、まさに〝炭鉱のカナリア〟です。

つまり、ヘッジファンドには二つの顔があるのです。莫大な利益を生み出す反面で、莫大な損失も被ります。投資家たちが莫大な損失に耐えることができ、リスクの意味を理解できる人たちである限り、ヘッジファンドはエコシステムにおいて重要な存在です。

金融界のガラパゴス諸島

――適応的市場仮説とヘッジファンドの仕組みに共通点はありますか。

ロー　適応的市場仮説を組み立て始めた時、実は、ヘッジファンドの動き方を参考にしました。ですから、私はヘッジファンド業界のことを「金融界のガラパゴス諸島」と呼んでいます。チャールズ・ダーウィンはガラパゴス諸島での経験から進化論の着想を得ました。彼は二つの島で非常に似通った鳥を見つけましたが、微妙な違いがあ

ることに気付き、それぞれの島の環境にうまく適応していることに着目したのです。その観察から、環境の違いに適応して新たな種が現れることを発見したわけです。

ヘッジファンドも同じです。ヘッジファンドは適応力が非常に高く、そのときどきの市況に応じて投資戦略を変更します。さまざまな市場サイクルの中で取引するヘッジファンドを観察していると、人や機関も異なるスピードで変化に適応することが分かりました。最も早く変化に適応するのはヘッジファンドマネージャーたちです。私はさまざまなヘッジファンドを観察して適応的市場仮説のヒントを得ました。ですから、ヘッジファンド業界は私にとってのガラパゴス諸島なのです。

――あなたの教え子たちが設立し、あなた自身も出資しておられる企業、分野があるとお聞きしています。適応的市場仮説を投資マネジメントにどう応用させたのでしょうか。

ロー　私の専門は金融工学の概念をさまざまな投資問題に応用することです。ブリッジバイオはバイオテックの会社ですが、医療に興味を持ち始めたのは10年ほど前です。

がんの研究者たちが直面している課題を知り、医薬品の開発には金融がとても重要な役割を担っていることに気付きました。そして、金融工学の概念を医薬品開発に応用し始めたのです。

私はまず分散化という考え方に着目しました。製薬会社には単一の治療薬を扱う会社が多く、事業には高いリスクが付きまとっています。そして、これらの製薬会社を一つにして、株価の変動性を抑える方法を考え論文を書きました。それを読んだ教え子の一人が、連絡をくれました。彼の専門は化学工学です。私たちは新しいビジネスモデルをシミュレーションし、その結果、ポートフォリオ理論［金融資産への投資比率を決定する理論］がバイオテックの分野においてもリスクを低減することが分かりました。しかし、一方で、それまで誰もそのような取り組みをしていなかったことが不思議でした。

従来の効率的市場仮説でその状況を見ると、この取組みはうまくいかないと予測されました。もし成功するなら、市場は効率的であるはずなので既に実践されていたはずだからです。その考察が適応的市場仮説につながりました。私は、優れたアイデアが成功するには、多くの場合時間が必要だということを、適応的市場仮説から学んでいました。文化的・制度的な柔軟性も必要です。新しい優れたアイデアを成功させるには適した状況や環境が必要なのです。

そして、経済モデルの観点から難しい問題を抱えていたバイオテックと製薬業界の状況が変化の兆しを見せ、市場の力学が変わっていることにも気付きました。環境が整い始めていたのです。新しいビジネスモデルを実現させる時が来ていると思いました。このようにして、教え子の一人とブリッジバイオを設立することにしたのです。

といっても、私は少額を出資しただけです。もっと出資しておけばよかったと思っています。

痛みの恩恵

――ご著書の『適応的市場仮説』にある「gift of pain（痛みの恩恵）」についてお話しいただけますか。「痛みが反応を引き起こし、市場をよりよく機能させる」と指摘しておられます。

ロー　生理学的に見ると、痛みは人類の進化にとても重要な役割を果たしています。痛みは、体や心が危機的状況にあることを知らせてくれるサインであり、それが私たちを守ってくれるからです。歯が痛むと歯医者に行くべきだと分かります。痛みを無視していると感染症にかかって大変なことになることもあります。痛みが私たちを守ってくれるとはそういう意味です。

経済も同じです。損失は痛みで、それは経済活動がうまく機能していないことを示すサインですから、その原因を突き止め修復して行動を変容しなければなりません。ですから、痛みには重要な役割があるのです。

歯医者では治療のために麻酔を使うことがありますが、治療後、麻酔が切れるまでは食事をしないように注意を受けます。麻酔が効いている状態では、誤って舌を噛んだりしても気付かない可能性があり、危険だからです。

経済にも同じようなことがあります。政府が損失を補填してくれるなら、失敗しても痛みはありません。政府による保証は歯医者が使う麻酔のようなものなのです。投与された後は慎重に行動しないと、舌を噛んでも気付かずにいる恐れがあります。その結果、政府の損失補填がなければ成立しないような採算の取れない事業を継続してしまうことになるかもしれません。何も失わず痛みを感じない状況にいると、そうした不採算事業は続けるべきではないことに気づけません。政府による保証は時として必要ですが、危険な場合もあるのです。

感情が基軸通貨である

――『適応的市場仮説』では「感情が基軸通貨である」と指摘されていますが、人間はどのような存在だとお考えですか。

ロー　人間には理性と感情があります。適応的市場仮説の枠組みは、この見解をきっかけとして構築に至ったのだと思います。

従来の経済学は理性に焦点を当てており、ポートフォリオの計画を立てる時や、ゼロサムゲームにおける交渉にとって最適な戦略を立てることに長けています。しかし、それは人間の一つの側面に焦点を当てているに過ぎません。

意思決定における神経生理学的な研究や人間の脳の進化に関する研究は、人間はただ考えるだけの生き物ではないことを示しています。進化の早い段階から存在し生き延びる上で重要な脳の領域は、感情や反応に関係していて思考とは無関係です。「闘争・逃走反応」と呼ばれる反応は、人間の他にも哺乳類や爬虫類など多くの生物に備わっていますが、脳の思考部位、つまり数学や言語を司る部位の進化は比較的新しく、人間や他のヒト科の動物だけが持っています。つまり、人間は進化の早い段階で発達した感情と、比較的新しい理性で構成されているのです。

このことを適応的市場仮説に組み込むことができれば、人間の相互作用に関して現実的なモデルを構築することが可能になり、それは経済においても有効です。経済的な相互作用の中でも、互いの痛みや喜びを感じ合うことに変わりありません。このモデルは金融危機やその他の課題に対処する上でもまったく異なる視点を与えてくれます。

――経済に最も大きい影響をあたえるのは、どのような感情なのでしょうか。

ロー　短期的に見ると、恐怖と痛みが最も重要な感情であることは間違いありません。この二つの感情は即座に反応を引き起こします。２０２０年2月にコロナの感染が拡大した時、誰もがその影響を恐れたために世界中の金融市場が大暴落しました。

一方、中期的に見ると、喜びや興奮、希望といった感情の重要性が増します。希望は私たちの未来を築くものだからです。社会を構成しているのは、理性だけでなく感情を持った人間であることを肝に銘じていないと、効果のない政策を作ってしまいます。政策を立案する際には、人々には他者を思いやる心があるのだということを自覚しなければなりません。

過去数十年の日本の経済政策は、人間の感情を考慮に入れた良い事例です。バブル経済崩壊の後遺症に苦しむ日本に、他の国々が「銀行員や企業の幹部を全員解雇すればいい」と言うのは簡単でした。しかし、もしそうしていたら、社会に大きな混乱をもたらしていたでしょう。仕事を失うのは非常につらい経験だからです。雇用を削減するといった厳しい対策を講じなかったために経済の回復には時間がかかりましたが、日本の社会構造は維持されました。経済学者は未だにその是非を議論していますが、重要なのは、感情も人間の本性だということです。私たちは皆、文化も違えば、それぞれが抱く期待も異なります。

パンデミックに直面し、中国は武漢をロックダウンしましたが、アメリカで同じことはできません。パンデミックで60万人もの命が失われたにもかかわらず、マスクの着用を強制することもできません。アジアの人から見ればおかしなことだと思うでしょうが、文化が違うのです。社会規範も異なります。文化や社会の違いを踏まえて経済の相互作用を考えなければ、見当ちがいの政策を作り上げてしまうことになります。

ヴェブレンと宇沢弘文

――ご著書でも言及されているアメリカ制度学派の創設者であるソースタイン・ヴェブレンについての質問です。制度そのものが適応的に変わっていくことを彼は提唱しました。彼の考えと適応的市場仮説の間に共通点はありますか？

ロー　もちろんです。ある人が「巨人の肩の上に立つからこそ、より遠くまで見渡せる」と言っていますが、私にも恩恵を受けた巨人がたくさんいます。ヴェブレンはその一人です。進化の概念を金融市場に応用しようと考えた人はたくさんいて、私はその恩恵を受けています。

最も影響を受けたのは、カーネギーメロン大学のハーバート・サイモンです。彼はＡＩと自然知能を対比することで、経験則を築き上げる上で自然淘汰が果たす役割について考察し、人間の認識力がどう機能するのかをまとめました。

私は、進化生物学を学んで、進化のダイナミクスがあらゆる面で人間の相互作用の原動力になることを理解しました。経済や金融だけでなく、人生のほぼ全てにおいてです。その理解が助けとなって、ヴェブレンやサイモンといった先駆者たちの考え方を、金融市場の力学の文脈に当てはめて考えることができました。

――提唱されている適応的市場仮説は、ヴェブレンの制度派経済学の〝再発見〟という面もあるのでしょうか？

ロー　再発見であることは間違いありませんが、私は、適応的市場仮説は現代数学の枠組みも利用して、ヴェブレンの説をより幅広く応用できるように形式化したものだと考えています。制度は時とともに必ず変化します。ヴェブレンはこのことを指摘して、その影響を説明しようと試みた第一人者ですが、当時はこういった考えを検証できるツールがありませんでした。その後、新しいツールがたくさん開発されデータも更新されました。強力な計算ツールを使って大量のデータを扱えるようになったことで、ヴェブレンの見識や理論を検証する方法が生まれたのです。

――ヴェブレンの考え方については、社会的共通資本を提唱した日本の経済学者、宇沢弘文も評価しています。ヴェブレンの資本主義と社会主義を行き来するような思想を評価していました。宇沢氏の考えに対して、どんな印象をお持ちでしょうか。

ロー　私は宇沢をとても尊敬しています。お会いしたことはありませんが、彼の弟子である清滝信宏さんとは一緒に仕事をしたこともあります。

宇沢氏は、均衡の概念、即ち経済全体がさまざまな分野間の均衡を保ちながら成長を達成する方策を考えたパイオニアの一人で、現代の金融経済を間接的に支えています。この概念は、適応的市場仮説の思考法にも当てはまります。

彼は社会主義対資本主義の問題にも言及しています。経済システムの歴史を見ると、社会主義も資本主義も、極端な形で成功した事例はありません。純粋な社会主義や共産主義は前世紀に失敗を重ねました。他方、純粋な資本主義も実は存在していません。アメリカでさえも2兆ドルのインフラ投資計画を発表しました。政府が市場に介入しているのですから、純粋な資本主義ではありません。

社会主義であれ資本主義であれ、極端に過ぎると持続可能でも最適でもなくなります。大切なのはバランスです。その理由は人間の本質にあります。

人間は多くの場合、理性的ですが、同時に、社会的で感情的な生き物でもあります。私たちは互いに気遣い合う存在ですから、その意味では社会主義的な側面も持っています。しかし難しいのは、気遣うことだけが大事なのではなく、さまざまなことに資金を配分する資本主義だからこその効率性も重要だということです。必要なのはどちらもうまく調和させることです。

宇沢氏はこのことを社会的共通資本に関する論考でも扱い、経済学の偉人たちとともに構築した強力な枠組みに新たな要素を組み込む方法を模索しました。

均衡や合理的期待、市場の効率性といった概念はすべて重要なものですが、それだけでは十分ではありません。人間が感情的な生き物で互いに気遣い合う存在であるという側面を捉えていないからです。この側面を宇沢氏たちが作ろうとした枠組みに組み込むことができれば、人類はこれからの時代もさらに進化し続けることができるでしょう。

柔軟性と適応

――最後に、人々が、予測不可能な事態にあっても、冷静に適応していくにはどのような考え方も持てばよいのでしょうか。

ロー　柔軟性を持ち、周囲の状況を意識し適応することが大切です。私たちはルールに固執しがちです。確実性を重視するあまりルールの変更を嫌ってしまうのです。

道徳的原則のような普遍的なルールがあるということは理解できます。しかし、今ポートフォリオの管理やキャリアについて考える際には、周囲の環境を意識して、今の状況が必ずしも永続的ではないことを認識することがとても大切です。物事は変化します。関係性も時間とともに変化します。ですから、市場や経済状況の変化に応じて私たちも変わっていく必要があると認識することが重要です。適応するのです。

経済が変化して、これまで多くの人々が憧れていた職種の人気が落ちたとしても、別の新しい魅力的な仕事が生まれるかもしれません。ビジネスが順風でないのであれば、ビジネス戦略を考え直す必要があるのかもしれません。こういった柔軟性と適応力はとても大切です。

特に日本のように何世紀にもわたって大切な伝統を守り続けてきた社会では、どの伝統を維持し、どれを現実に適応させるべきかをいつも見極めることが重要です。それが「適応的市場仮説」の概念の始まりだと思います。

おわりに

産業社会の次の「欲望の形」を求めて

NHKエンタープライズ　コンテンツ開発
エグゼクティブプロデューサー　**丸山俊一**

現代の「資本なき資本主義」の「生産」の中心はどこにあるのか?

さて5人から発せられた、様々な言葉、知見、どのように受け止められただろうか?

ハスケルの「無形資産」、シラーの「ナラティブ」、アセモグルの「社会規範」、トッドの「記号の消費」、そしてローによる「適応的市場仮説」……。こうしてキーワードをあらためて並べてみるだけでも、現代の資本主義が、アダム・スミスが『国富論』を唱えていた頃に彼の目の前に広がっていたであろう素朴な生産現場の光景からは想像できないほどまったく異質なものとなってしまったことにあらためて感慨を深くする。１７７６年に世に出た『国富論』は、スミス自身が見聞きしたピン工場の製造過程を一つのモデルとして、分業の可能性、そしてその延長上に「見えざる手」の存在を説くわけだが、今やネット上をさまざまなデジタルデータが行き交い、そしてその情報自体が富を生み莫大な利益を生む時代だ。生産物たるピンが、洗濯機、冷蔵庫、自動車などに置き換わっていったあたりまでは『国富論』の更新も微修正で済んだのかもしれないが、パソコンやスマートフォンとなり、物理的距離を越えて一瞬にして電子商取引が行われるのも常識となり、いよいよデータやソフトに価値を見出す現代にあっては、資本主義の「生産」の中心を捉えることは、本当に難しい。

ノーベル賞受賞の経済学界の重鎮、ジョセフ・スティグリッツによる「アダム・スミスは間違っていた」という言葉で奇しくも幕を開けたこの「欲望の資本主義」というシリーズは、その底流に『国富論』の更新という大きな課題、問題意識がある。データ、ソフト、ゲーム、オンライン、バーチャルコンテンツ……、新型コロナウイルス感染症で一躍注目を浴びたＤＸと呼ばれる領域が活況を呈する今こそ、「見えざる手」はどこにあるのか？　形なき資本、形なき商品が市場を動かす主役に躍り出る資本主義の性質をつぶさに考えねばならない。

デジタルテクノロジーが加速させた「無形資産」の時代

実際、「経済」の問題とフレームを限定する以前に、現代の社会をあらためてフラットに眺めた時、デジタルテクノロジーの進化、デジタルテクノロジーがもたらした変貌ぶりは見落とすわけにはいかないだろう。この四半世紀の間、ＩＴ、ビッグデータ、ＡＩ、そして今ＤＸと語られる資本主義の「最前線」は、その多くをデジタル技術に負い、人々のコミュニケーション様式も、ビジネスの作法も、生活スタイルも大きく変わった。それは「変わった」のか、技術が人々と社会を「変えた」のか？　技術と社会の間にある相互的な影響関係、そして緊張関係はいつの時代もデリケートだ。『欲望の資本主義2　闇の力が目覚める時』において引用したテーゼ、マルクス／シュンペーターによる「技術が社会を規定する」という視点に立てば、明らかにデジタル技術は社会を「変えた」。人々の心、精神、思考などのかけがえのない人間らしさとされてきたものも、いつの間にか易々と数量化、データ化され、アルゴリズムで表現できるというストーリーがまことしやかに語られるようになった。

本当に人間のすべてがデジタルに解析できるか否か、その問題を今ここで俎上に載せようとは思わないが、ここで重要なのは、それが錯覚であれ、あたかもすべてが解析されてしまうかの如き感覚を持ってしまう人間の性である。そしてそれは、自らの精神による主体性への懐疑を生み、ある種の無力感を生んでいるようにも思える。ちなみに僕はそれを「デジタル・アパシー」＝「デジタル技術が生む虚無感」と勝手に呼んでいるのだが、悲喜劇的な事態ではある。私たちの生活を豊かにするための手段だったはずの技術がいつの間にか目的化、人間がシステムに合わせている倒錯的な状況は、日常さまざまなところで多くの人々が経験しているのではないだろうか？　自分で設定したパスワードが思い出せずに冷や汗をかくぐらいはご愛敬だが、「人が選択するよりデータに基づく選択のほうが正しい」「ＡＩに人生の目的を設定してもらうほうが楽だ」、さらには「ＡＩの決定に任せたほうが民主主義はうまくいく」といった声まで聞くようになると、少し恐ろしくなる。実際、現在のデジタルテクノロジーによる資本主義は私たちに不思議な「夢」を見させるのだ。それは、希望なのか？　悪夢なのか？　そこでも私たちは立ち止まり、安易な二元論の選択に乗らないことだ。

さて、パンデミックという思わぬ事態が浮き彫りにしたのは従来の本質的な問題であり、構図は変わらない。状況は加速した。デジタル資本主義による格差の拡大、ゲーム、オンラインなどの活況。失業、倒産などの憂き目に会う人々を尻目に、ネット空間の中の「バーチャル」経済は躍進する。そこで注目を浴びているのが「無形資産」なる概念なのだ。

世界を席巻する「無形資産」がもたらす格差拡大の中で

「無形資産の資本主義は、格差を拡大させます。それは避けられません」。ジョナサン・ハスケルは、本文でもこう断言している。「見えない資産」とも言われる「無形資産」なる概念が、現代の資本主義にあっては企業価値を左右するものになっている。無形資産とは、モノとして実体が存在しない資産だ。例えば特許や商標権や著作権などの知的資産、人々の持つ技術や能力などの人的資産、企業文化や経営管理プロセスなどがこれにあたる。これは実体を伴わない資産であることから、会計制度上でも原則として資産として計上することはできないが、そこを見直していく気運も高まっているようだ。現金、証券、商品、不動産など実体の存在する資産である「有形資産」とは異なり、計測の仕方が難しいであろうことは想像に難くない。

しかし、この文字通り形を持たない資産、ソフト、ブランド、アイデアなどが、今、経済を動かす主力となっている。ＧＡＦＡの強大化に象徴されるように、その求心力になっているのは、情報であり、インテリジェンスであり、未来への可能性なのだ。

今、人々はモノではなく夢に投資する。そしてそれは、「見えない資本」による資本主義、一見「資本のない」資本主義が世界に、ネット空間を介して広がっていることを物語る。確かに古くは既に１９７０年代から「脱工業化社会の到来」（ダニエル・ベル）、「第三の波」（アルビン・トフラー）など、モノの生産を主軸とする工業化の後にやって来る経済の潮流については内外のビジネス論壇で話題となっていたが、その引き起こす変化、与える影響の大きさが、今切実なものとなってきているということだろう。商品は、情報、知識、感性……、さらに進めば、共感、感情、精神、イメージ……。デジタルテクノロジーの複製技術は、そうした「幻影」も「複製」「増幅」「拡散」させていくことにも長けている。コロナの中、人々が直接の接触を避け、いよいよネットの海の中に埋没する時代に、「無形資産」は大きな渦巻きの中心にあるかのようだ。そこから生み出される波は、現代社会の岸壁にも打ち寄せ、徐々に浸食し、いつの間にか社会の構図を変えていくように見える。変化は静かに確実に押し寄せる。

モノからコト、コトからトキ、あるいはイミへ……。現代はトキ消費、イミ消費の時代とも言われるようになってからも既に久しい。ユーザーのゲーム内での滞留「時間」を重視しある種の「囲い込み」を狙う戦略や、人々が商品に見出すそれぞれの物語における「意味」の発見にこそ付加価値があるとする発想がそうしたトレンドを支えている。そこで商品となっているのは、「アイデア」であり、「創造性」であり、「人生の時間」なのだ。

それはある意味、従来の生産手段に囚われることなく、無限の「生産」「消費」を可能にする資本主義とも言える。しかし同時に、フランスの知性ダニエル・コーエンがかつて番組内でも用いた表現を引けば、すべてのプレーヤーに「創造的であれ、さもなければ、死だ！」（「欲望の資本主義２０１８」）と迫るような過酷な社会でもあるのだ。そこには功罪、光と影がある。資本主義の常として、成長が、生産性の向上が最重要課題となる時、このデジタルテクノロジー主導の「資本の見えない」資本主義にあっての「成長」とは？ 「生産性」とは？ 工業化の時代と同じように「成長」も「生産性」も定義できないとするならば、私たちはどこかで本質を見損なったのではないか？ それはポスト産業資本主義がはらむ根源的な不安定性なのか？ まるでメビウスの輪のように反転しながら原点へと回帰しつつ、問いは続く。コロナが加速化させるのは、単に格差問題というにとどまらず、こうした社会の歪な構造変化なのではないだろうか？ 「富を生む構造」を経済理論のみならず、社会哲学的にも解明する必要がある所以である。そしてそれは、「経済」現象を抽象化することに対して極めて注意深くあらねばならない探究であると、あらためて思う。

そして、この「無形資産」にこそ、ある意味究極的な「欲望の資本主義」の課題がある。「やめられない、止まらない、欲望が欲望を生む」というリフレインされてきた表現も、それは強欲批判というより、際限なく自己増殖する人の欲望、資本の運動性に着目しての表現だ。貨幣に「未来の可能性」という幻想を抱くのと同様に、「無形資産」＝形なきものへの欲望もまた、理性では手に負えない魔性がある。「夢」なしでも「夢」だけでも生きられない人間の性。世界を覆うウイルスの感染爆発という自然の脅威の中、あらゆる夢を商品化していく「無形資産」資本主義はどこへ向かうのか？　それを考えるためには歴史を遡ってみなければならない。

「魔法のカーブ」に国の未来を賭けた　アメリカ70年代から80年代

今から半世紀前、１９７０年代前半。アメリカ始め世界の多くの国々で、経済の生産性は大きく停滞した。「経済の基礎体温」とも言われる先進諸国の長期金利も低下の兆しを見せ始める。かねてより水野和夫・法政大学教授が指摘するところの、資本主義の大きな転換点、成長神話崩壊の始まりだ。

実際、自由主義経済を主導するアメリカにとって、70年代は、陰鬱な壁に直面した、あまり思い出したくはない時代かもしれない。それ以前、超大国として、中産階級に豊かな富を行き渡らせ、「アメリカン・ウエイ・オブ・ライフ」を世界に浸透させたアメリカ。その輝かしい成功に陰りが見え始めたのだ。不況とインフレが同時進行し、生活は苦しいのに、物価は上昇するという最悪の事態であるスタグフレーションという状況が生まれ、戦後長らくの定石であったケインズ政策への不信感も広がる。

「成長」の方向性を見失った経済的苦境の最中にあった１９７４年。ワシントン

DCのとあるホテルで後にアメリカ経済の方向性を大きく変えることになる逸話が生まれている。その物語の起点となったのは、レストランのテーブル・ナプキンに描かれた一本の曲線。後に言われる、「ラッファーカーブ」だ。生みの親、アーサー・ラッファー博士は、当時の政府関係者を前に税率と税収の関係をこう説明したとされている。

「税率を上げ過ぎると、税収は減少する」。そして逆に言えば、「減税しても、税収が増える可能性はある」と。そこから、次のような結論が導き出された。「今のアメリカは好ましくないところにいる。税率を下げることが、むしろ、税収の増加に結びつく」。

こうして、いたずら書きのような一本の曲線から生まれたシンプルな物語。しかしこれが、後の80年代、なお赤字に苦しむ政府の政策を支える理論的な根拠となったのだ。減税による小さな政府で、民間の自由な活動を促せば、自ずと経済は活性化されるという後の「レーガノミクス」、新自由主義と言われる経済政策の論拠の一つは、一本の曲線から生まれていた。こうして歴史も、奇妙な因果の軌跡のカーブを描く。

そしてこの小さな政府による規制緩和と市場原理の最大化は、「無形資産」の時代を確かなものにさせていく。この70年代という大きな曲がり角にあって、苦境にあえいだアメリカが、「成長」の鉱脈として見出したのが、「無形資産」という「資本なき資本主義」路線なのである。当時のM&Aブームは一つの象徴だ。コングロマリットから多角企業へと、まるでポートフォリオを組むかの如く、巨大資本がさまざまな業種、業態の事業運営を行うようになり、グループ内の会社自体が「商品」と見なされ、その売買が常識化する。勢い経営コンサルティング会社も経済界に大きな影響力を持つようになり、経営戦略が声高に叫ばれるようになる……。虚構の富が富を生む不思議な空中戦の始まりは、工業化社会の終わりの中で、無理やりひねり出された「成長」路線だったと言えるだろう。

ちなみに日本社会にあっても70年代前半はトイレットペーパーを求めてスーパーへと人々が殺到したニュース映像を象徴に語られるように、第四次中東戦争を引き金とするオイルショックで社会の空気が一変した時代として記憶されている。そこから、私たちは、どこに活路を見出すべきだったのか？

実は、今の混迷の時代にも再点検してみるべき課題だと思う。

社会全体に静かに深く進行していたアメリカ70年代の変化、そして迷走

さて、もう少し問題のフレームを広げてみよう。アメリカの70年代前半は、こうした「経済」成長の壁というにとどまらない、社会全体の危機の予兆をはらんでいた。大統領の犯罪という耳を疑うようなウォーターゲート事件で民主主義への信頼が揺らぎ、さらに泥沼化に終わったベトナム戦争が深い傷跡となって残るアメリカ社会。それは、サブカルチャー的な視点にも目を転じれば、超常現象、オカルトブームが沸き起こった時期とも符合する。時代のマグマは、どこにどんな形で噴出するのか、総体として社会を見る眼が必要になる。さまざまな事象、事件を横断しながら時代の空気を味わうと、現代へとつながる問題の萌芽も見えてくる。超大国アメリカの現代の分断、迷走は「空白の70年代」に始まったのか。そんな見方もできるのだ。

戦後アメリカの歴史を語る時、70年代は、ひとまず教科書的な記述に倣えば、「激動の60年代」に対して、「空白の70年代」「不毛の70年代」とも言われてきた。しかし、政治、経済、社会など、言わば「表」の事件、事象だけでは、時代の空気は見えてこない。オルタナティブな文化、表現にも目を凝らせば、事情は違ってくる。例えば、映画の世界。ルーカス、スピルバーグ、コッポラ、スコセッシ……。後にアメリカ映

画の一つの時代を作るような若手監督が次々に話題作、問題作を発表、「豊穣の70年代」なのだ。そして彼らのエンターテイメント作品の中に時代の影は映し出されている。

そして、政治も、経済も、サブカルチャーも、硬軟、聖俗、さまざまな形でアメリカとの抜き差しならない関係性の中にある日本もまた、70年代は、高度成長が終わりを告げ、その歪みが露呈し、さらに価値観の転換を迫られた時代だと言える。超大国アメリカがベトナム戦争の後遺症に苦しみ、経済的にも精神的にも立ち直れない迷走が始まる中、日本経済も時代の針路を見失おうとしていた。

現実と虚構が入り混じる「ファンタジーランド」が生んだ「アメリカンドリーム」

少し脱線して個人的な経験に触れさせてもらえば、２０００年代前半、初めてアメリカの地を訪れた時の奇妙な感覚は今も忘れない。同時多発テロから数年、ある程度人々が平静を取り戻していたニューヨークに、テーマパークのように広がる街並み。石造りの建造物は欧州の都市と変わらないのだが、なぜかあまり重厚さが感じられないのだ。まるで映画のセットの中を歩いているかのような浮遊感がそこにあった。90

年代、ディレクターとしてパリ、ヴェネツィアなどに長期滞在する機会が多く、歴史ある堅牢な石畳を歩き回る感覚が身体に沁みついていた身には、ニューヨークの地面は踏みしめた時にはね返されるような手ごたえがない。どこか現実と虚構が入り混じる不思議な感覚に囚われつつ、摩天楼をぼんやり眺めていた日々を思い出す。

日常に夢が侵食する場所。アメリカを象徴する理念とは、まさに「夢」だとも言い得るのかもしれない。「自由と民主主義の実験場」とは、アメリカという国のありようを表現する際によく用いられるレトリックだが、「自由」にせよ、「民主主義」にせよ、人々が形作る理念であり、その理念によって生み出される「夢」の具現化に他ならない。「開拓者」たちが作った国の礎は、その「夢」を信じることで担保されるのだろう。そしてその「夢」はまた、資本主義の社会にあっては、「商品」という側面も持つ。アメリカンドリームは、素晴らしい「理念」であり、欲望を喚起する「商品」でもある。それは、人々を魅惑する力であり、時に空回りする時には悪夢にも転じる、両義性を持つものだとあらためて思う。その推進力を「夢」の実験に賭ける国、それがアメリカなのだ。

まさに作家カート・アンダーセンの言葉を借りれば、「ファンタジーランド」。宗教とビジネスが、テクノロジーとファンタジーが、不思議な融合を遂げる超大国の無視できない側面を捉えた表現だ。まさにアメリカという国のかたちを、彼の地に生きる人々が見る「夢」の歴史として捉え、解剖したものだと言えるだろう。カート・アンダーセンは、過去には『ニューヨーク・マガジン』の編集長も務め、ラジオ・パーソナリティもこなす洒脱なニューヨーカーだ。そこには、矛盾の中にあるアメリカへの、そこに暮らす人々への、愛ある「自己批評」がある。

ウイルスのように感染するシラーの「ナラティブ」　そこにあるケインズの慧眼

さて、70年代に始まるアメリカの「資本の見えない資本主義」への疾走を、文化的な風土なども視野に入れながら考えてきた。この「無形資産」を推進力とする経済は、コロナという自然の脅威の中にあって、その特徴をさらに顕著にさせ、その領域を広げる一方だ。デジタルテクノロジーに縁遠い、不得手とする人々には当然それはダメージとなり、先のハスケルの言葉通り、格差は確かに広がっている。そして、この格差拡大に一役買ったと思われるのが、株式市場の高騰だ。皮肉な話ではある。コロナが招いたアメリカでのＤＸブーム、デジタル産業を中心とする盛り上がりは言うに及ばず、日本でもバブル以来30年ぶりの高騰を記録したことも話題となった。

この状況を、「ナラティブ」という独特の視点、言葉で切りとったのが、本書でハスケルに続いて登場するロバート・J・シラーだ。資産価格の実証的研究で２０１３年にノーベル賞も受賞しているシラーだが、権威主義に絡めとられることなく、いつも軽やかにユニークな視点を世に問う。

人は現実を「見たい」ように見る。その欲望には勝てない。シラー言うところの「ナラティブ」＝「語り口」による市場分析もまた、人間の業に迫るものだ。一つの「事象」の背後には、それをそれとして成立させる「物語」があり、その「物語」を生んでいる「語り口」「ものごとの見方／捉え方」がある。株価の動きの背後にあるストーリーに意味を与えているのは、この「語り口」であり、それはまさにウイルス感染のように広がり、時にパンデミックを引き起こすと彼は言う。暴騰でも暴落でも、人々が、ある「ナラティブ」に感染し、「見たいように見た」結果なのだと。そしてそこから、彼の話は、あのケインズの歴史的な逸話へと飛ぶ。

時は１９１９年、パリ講和会議。第一次世界大戦の敗戦国であるドイツに法外な賠償金を科そうとする勝利国の指導者たちを批判したケインズは、その憤りを、警世の書『平和の経済的帰結』でこんな皮肉な表現で展開している。

> 西ヨーロッパが過去半世紀のあいだそれによって生活してきた経済組織のもつ、極度に異常で、不安定な、錯綜した、頼りにならぬ、一時的性質を、心底から理解している者は、われわれのうちのよくよく一部でしかない。（中略）われわれは、この砂のように脆い、見せかけの基礎のうえに立って、社会の改善を計画し、政治綱領を飾りたて、それぞれの怨恨や個別的野望を追い求め、われわれにはヨーロッパ家族諸成員間の内輪もめを、鎮めるどころか、つのらせていけるだけの十分な余裕があるのだ、と感じている。
>
> （『ケインズ全集2　平和の経済的帰結』早坂忠訳、東洋経済新報社）

人間の心の底にある複雑な思い、生きた歴史の中で育まれる繊細な感情への洞察から経済政策も組み立てていたケインズの真骨頂が表れている。単に、恨みや強欲によって、敗戦国ドイツ、オーストリアに巨額な賠償金を科そうとする戦勝国。しかし、欧州の基層にある変化こそ注視しなければならない。過去半世紀の間に生まれていた政治的、経済的な不安定性と向き合うことなく、ことを進めれば、致命的なさらなる悲劇が生まれかねないことを、ケインズは様々なレトリックを繰り出して説いている。実際、ケインズの洞察を裏付けるように、ドイツはその後、財政窮乏によるナチズムの台頭を招き、第二次世界大戦の悲劇を生むことになるのはその後の歴史が物語るところだ。

ここで何より着目したい点、ケインズの視点の鋭さを学ぶべきは、この歴史的な書の最初の一行だ。

> 自己の環境に慣れてしまう能力というものが、人間の顕著な一特性である。
>
> （『ケインズ全集2　平和の経済的帰結』早坂忠訳、東洋経済新報社）

なんともアイロニカルな言葉は、シンプルだが、時を超えて、現代にも響く。

「慣性の法則」というものがある。電車が急ブレーキをかけたりすると、乗客は対応できず、よろめく。人間の心のありようも、実は似たところがあると言ったら、飛躍に過ぎるだろうか？　いつの間にか、周囲の環境が「当たり前」になっていたところに、思わぬ角度から、災害など突然の事態が生まれた時、心の持ち方を切り替えることは意外と難しい。ここでも「やめられない、止まらない」のだ。過去の環境に慣れ、変化を厭い、出来上がった物事の見方につい固執して紋切り型の図式で現実を捉えようとするうちに、本質を見損なう。

シラーが敬愛するケインズに言及し、今回特にこの『平和の経済的帰結』に触れて語りたかったのは、この人間の性なのだ。「自己の環境に慣れてしまう」ことは、そのまま、「自己のものの見方に慣れてしまうこと」に等しいのだから。「見たいように見る」ことになった人間は、常に、出来上がった「見方」に囚われ続ける。

政治と経済——民主主義と資本主義の綱渡りを志向するアセモグルの「社会規範」

こうした習慣性からも、あるいは自らの思考の癖からも自由になれない人間という存在。だがだからこそ、こうした厄介な性質を持った人間たちが形作る社会の中で、「規範」という概念の重要性を説いたのが、次に登場したダロン・アセモグルだ。

市場社会の中での「社会規範」の重要性などと聞くと読者の中にはきれいごとの理想論と少し訝しく思う方もいるかもしれないが、みなさんはどう読まれただろうか？

表層の言葉の響きだけでは、確かに説得力を持つのは難しい。しかし、彼の出自、背景を知れば、もう少しそこにある意義を汲み取れるかもしれない。トルコ出身でイギリスに学び、マサチューセッツ工科大学という、極めて現代アメリカの学のあり方を象徴する牙城で教授職にあり、最近「理論経済学」者として新たな経済学のスタンダードとなる教科書を執筆したアセモグルが語る「社会規範」。そこには、逆説をはらんだ、少々複雑なニュアンスが込められているように思う。

実際彼は、既に政治学、社会学の分野でも注目されているように、市場を純粋な数理的モデルで解析してみせるだけでなく、返す刀で、その市場を取り囲む社会、文化、制度なども俎上に載せ、様々な学問的な方法論を相対化する。だからこそ、当代を代表する理論経済学者として語る時も、安易な「成長」一辺倒の議論には与することなく、その地域の歴史的な発展段階、文化の位相、民族性、社会の核になっている理念、慣習なども視野に入れた議論の展開を心掛けているように見える。それは、ある種のバランスゲーム、政治と経済と、民主主義と資本主義の動的均衡を探るかのようなイメージを喚起させる。どちらも常にダイナミックに揺れ、生成変化し続ける難物だ。時を止めて、諸条件を規定値にしてどちらかだけを考えようとしても、おかしな方向へ進んでしまうことを体感的に知っているのだろう。それゆえに、資本主義について答える時こそ民主主義を壊さないか、また民主主義について考える時には資本主義の足かせにならないか、いつもオルタナティブな論理を自らの頭の中で浮上させつつ、均衡を目指そうとしているかのようだ。

ちなみにこの引き裂かれる中で考え続けようとするそのスタンスは、「欲望の資本主義」初回から登場してもらった、チェコの奇才、トーマス・セドラチェクを彷彿とさせる。セドラチェクは、現在の「成長至上」に陥った資本主義を批判しつつも、安易に社会主義を評価しない。思春期に共産主義を経験しているからこその強い警戒を持ち、市場についても民主主義における自由を発揮する手段として位置付ける理念も揺るがない。ゆえにいつも、自らの中で、資本主義に対して可能性と欠落の両面を見て取り、その緊張関係の中で思考し続けようとするのだ。

もちろんタイプは違うが、アセモグルもまた、そうした両極の中を行く姿勢を共有しているように見える。資本主義と民主主義の間に張り巡らされた緊張のロープを綱渡りしようとするのである。経済の論理を探究する時も、彼はいつも政治の論理も同時にぶつけようとすることでバランスをとろうとする。それは彼のセンスでもあり、トルコに生まれ、イギリスで学び、アメリカで教鞭をとる……、この人生の機微の中でも皮膚感覚として醸成されたものなのかもしれない。

そんな彼が口にする「社会規範」という言葉は重い。普通に聞き流せば、単なるうわべだけの理想論ともなりかねない概念に、どんな重層性を、強度を読み取るか？　市場を有意義に使いながらも暴発させないための精神の緊張、それを社会のレベルで実現するために、どのような文化、慣習による強制力を培っていくことができるか？　単なる市場運営の技術というより、近代国家の尊厳の問題もそこにはらまれているのだと思う。

トッドの「記号の消費」の果てに生まれた「細分化された世界」

さて、「社会規範」の重要性を強調するなら、次に登場したエマニュエル・トッドこそ、本来なら主役となるところだろう。家族人類学を標榜し、世界の様々な国、地域に生まれる家族関係、社会の形を観察し続け、その洞察から現代の社会のあるべき方向を文明論的に考察する知性なのだから。以前、「欲望の資本主義２０１７」で語ってもらった時も、経済学の数理モデルへの不信感を表明し、そうしたモデルばかりに注目すると、いかに先人たちの知恵や思想の本質を取り逃がすか、「ケインズ読みのケインズ知らず」を例に熱く語ってくれたことが印象深い。今回も数字ばかりに頼る部分的解析が生む誤謬を指摘し、直観的洞察で語るところに、やはりトッドらしい思考のスタイルが発揮されている。

「記号の消費」。物質文明が爛熟を極め、消費行為が物の次元を超えて、いわば脳内のデジタルな係数で処理されているかの如き現代社会を、トッドはこう表現した。これはある種、彼の思考のフレームの中における「無形資産」への批評的な言葉と捉えてもよいだろう。そして同時に、同じフランスの思想家、かつて80年代日本の現代思想論壇でもよく言及された、ジャン・ボードリヤールの『消費社会の神話と構造』を想起させられる言葉だ。現代社会の人々は、商品の「使用価値」を消費するのではなく、他人との差異を示す記号を消費している。ボードリヤールの指摘によれば、際限なく差異を生み出す生産のシステムが機能する消費社会にあって、人々は「記号の消費」を強制され続ける。まさに「やめられない、止まらない」のは、実体のない「記号の消費」だから、というわけだ。

ボードリヤールの着想の延長上で歩んできた経済社会を前提に、トッドは空虚な空中戦を続けてきたグローバル資本主義を批判する。以前のインタビューでも「グローバル疲労」という造語でユーモラスに、すべてがお金の関係でつながり過ぎたこの世界のありようをどう転換させるべきかを説いたトッド。ちなみに『消費社会の神話と構造』においても、すべてが記号の消費と化した社会の中では慢性化した「疲労」が人々の心に巣食い、「新たな世紀の病」となるとされている。ここにも、トッドのボードリヤールへのオマージュを見出せる。

今回も、「ケインズは意外とトランプを評価したかもしれない」と、貿易における「非開放路線」にある程度の理解を示すことで、「グローバル疲労」の根深さを指摘している。もちろんこの発言も、ともすれば歪な総取り競争となり、数字のゲームとなりやすい現在の国際経済情勢への牽制球の意味が大きいわけで、ここでもバランス感覚を持って聞かないと真意を見誤ってしまうのだが。

さらにトッドは、際限なき差異を求める資本の運動が招いたのは、「細分化された世界」だと言う。地球上に広がり、共同体の秩序を破壊していったグローバリズム。「利潤最大化」というシンプルなテーゼで広まったその動きは、シンプルであるだけに、あっという間に広がっていく。お金の「つながり」が世界で強まるほどに、個人は、共同体などの「つながり」からは疎外されていく。ここにも大いなる逆説がある。

国家の役割とローの「適応的市場仮説」が果たす複眼

こうした経済の動きは、国際関係の力学にも大きな影響を与える。

少し俯瞰してみよう。それにしても、アメリカが守り、世界に広めたいと願ってきた、資本主義における、また民主主義における「自由」とは一体何だったのだろうか？　国内での分断に加えて、この一年以上のコロナをめぐる混乱の中、国際情勢にあって、アメリカが焦りを感じ始めている。ご存知の通り中国の存在だ。目指される感染収束、経済の回復、そしてワクチンの攻防戦などを通して、中国との対立はいよいよ激しさを増している。その構図はコロナ以前から、「新たな冷戦」として歴史学者ニーアル・ファーガソンらが指摘してきた通りだ（『欲望の資本主義4　スティグリッツ×ファーガソン　不確実性への挑戦』東洋経済新報社）。中国の「社会主義市場経済」が、パンデミックという生命に関わる問題まではらんで世界で存在感を高めていく時、それはアメリカ型「資本主義」「民主主義」とは何だったのか？　という問いへと直結していく。「新自由主義」的なこの数十年の流れは今風向きを変えつつあるが、「資本主義」と「民主主義」とのバランスが崩れた状態からの修復には、時間がかかりそうだ。内憂外患というところだが、いよいよ「自由とは？」「市場とは？」という原点に立ち返る根本的な問いが浮かび上がる。

「欲望の資本主義 特別編『コロナ2度目の春 霧の中のK字回復』」（NHK BS1、2021年5月2日放送）では、こうしたアメリカの状況も踏まえつつ、新春の放送から4カ月、コロナの中での異常事態の内実を考えた。コロナが国家の役割をクローズアップさせる国際状況の中で、国境を軽々と越えていく巨大プラットフォーマーたちは、アメリカの「自由」「市場」のあり方にどんな影響を与えるのか？ そして、国家が市場を支えるという有事の緊急措置が今やアメリカでも日本でも常態化しつつあるねじれた状況……。

　こうしたコロナが生んだ錯綜、混沌の中にあってオルタナティブな言説となったのが、アンドリュー・W・ローによる「適応的市場仮説」だ。従来の常に「利潤最大化」を目指す「合理的経済人」を起点とすることから導き出される「効率的市場仮説」というモデルから遠く離れて、市場に自然の生態系にも似た秩序を見出そうとする考え方だ。

たとえばローは、時に「強欲」とも評されるヘッジファンドを「炭鉱のカナリア」と表現、その実験性にも光を当てることで、彼らの経済活動の一定の意義と理解を示す。つまり、ヘッジファンドは、素早い動きで暴利を貪るが、時に真っ先に巨額の損失も被ることがある、言わば「毒味役」も果たすというのである。市場には、その他に機関投資家もいれば、多くの個人投資家もいる。それぞれの経済行動の論理があたかも異なる生命体の生理がぶつかり合うような場が、市場だというわけだ。

こうした思考法を「社会ダーウィニズム」と捉える批判もあるだろう。市場という場を、あらゆる「生命体」＝多種多様な思考回路を持つ人々が行き交い、その思考の可能性を最大限発揮することで、ある一定の秩序が生まれ、さらにその相互観察、交流から「進化」も生まれていくという思想、それはセーフティーネットなき時、「適者生存」の肯定とも取られかねないからだ。市場を「何でもあり」の無秩序を招くところまで肯定するわけにはいかない。番組でも指摘したように、そこにはどこまで行っても「倫理性」の問題は残る。

しかしそうしたローが、近年「社会的共通資本」という概念への再注目から、一般の人々の間でも関心の広がりつつある故宇沢弘文の理論と思想の可能性を熱く語ることが明らかにするように、「適応的市場仮説」と「社会ダーウィニズム」とをイコールで結ぶこともできないはずだ。ここに、ローが、資本主義の抱えるパラドックスの、極めて難しい隘路を進む綱渡りを行おうとする思いが見てとれる。ここは、今後も継続して、注視し続けねばならない大事なポイントだと思うが、少なくとも、「効率的市場仮説」だけの単眼ではなく、「適応的市場仮説」という複眼も持ち、言わばロータリーエンジンのような駆動のさせ方で市場を見つめ続けることに、今、意義がある。

ロー、宇沢、ヴェブレン……そしてハスケル――つながる「不均衡」が累積する市場

ローが、その着想に学ばねばならないとして、敬意を持って言及した宇沢は、「資本主義でもない、社会主義でもない」経済、社会システムのあり方について考え続けたいと、語っている（「ＥＴＶ特集　宇沢弘文いま再び豊かさを問う」ＮＨＫ教育テレビ、１９９８年放送）。そして、その為に可能性を持っているのは、ソースタイン・ヴェブレンの思想だとも明言している。日本が誇る理論経済学者は、ヴェブレンの何に着目したのか？

ヴェブレンは、19世紀末から20世紀にかけて活躍した、アメリカの「異端」の経済学者だ。むしろ社会学者としての評価の方が高いと言えるかもしれない。「衒示的消費」＝いわゆる見せびらかしの消費という概念を提示したことで多くの人々に知られている。「有閑階級」は、単純な経済功利性だけで行動するのではない。高級品を買うことで自らの財力を誇示することもあり、さまざまな他者の視線と欲望が織りなす社会、そしてその結果生まれる社会慣行の中にあっては、「経済合理性」では考えられない消費行動をとることをヴェブレンは指摘した。こうした人間の性、社会慣行など、「純粋な市場原理」の「外部」と位置付けられる社会制度に注目したことから「制度学派」の創始者とも呼ばれる。そしてヴェブレンは、個人の行動ばかりでなく、企業の活動についても、社会的な関係性を含めて、まさに「制度」的な要因が大きく影響することについて、こんな洞察を展開している。20世紀初頭、アメリカの経済界において、莫大な資本による、「生産」というより「営利」を第一義とする大企業が存在感を高める中での論考であることに留意していただきたい。

近代的産業のもっている過剰な生産能力を充分にみたす規模にまで、浪費的支

> 出をふやすということは不可能に近い。民間のイニシアティブだけに頼っていたのでは、営利企業が必要とするだけ、財・サービスに対する浪費的支出を形成することはできない。私的浪費が大きなものであるということは疑いないが、貯蓄意欲と、投資にかんする計算高い営利企業的な論理とが、人々の近代的な行動様式のなかに組み込まれてしまっていて、貯蓄は常に高すぎる水準に維持されることになってしまう。そのために、なにかしなければならなくなる。それは、政府が効果的な浪費をおこなうということによって達成される。軍備、公共的な建造物、宮廷や外交にかかわる制度などが、浪費的であるという意味で、この問題にかんして重要な意味をもってくる。
>
> （ソースタイン・ヴェブレン「営利企業の理論」八木甫訳、宇沢弘文『ヴェブレン』岩波人文書セレクション所収）

宇沢が着目した、現代の資本主義でも変わらない、ヴェブレンの慧眼だ。人も、企業も、その行動の原理には、社会的な関係性が大きく影響している。個人と同じく営利企業もまた、単に単年度の利益を最大化することばかりで動くわけではない。かくして会社という組織体の維持のためにはさまざまな「計算」が行われ、結果、需要曲線と供給曲線がきれいなカーブで均衡点を生む可能性は低いことを指摘する。会社という存在は、慢性的に不均衡を生む、というわけだ。

さらに注目すべき点はここからだ。「のれん」（good-will）という言葉を「確立された慣習的業務関係、正直な取引の評判、営業権や特権、商標、銘柄、特許権、版権、法律や秘密によってまもられている特殊工程の排他的な使用、特定の原料資源の排他的な支配といったようなもの」（ソースタイン・ヴェブレン『企業の理論』小原敬士訳、勁草書房）と定義したヴェブレンは、この「のれん」の力が強大な威力を発揮する時代に資本主義が突入しつつあることを暗示するのである。

ここまで読み進めてくださった方は、既にお分かりではないだろうか？「のれん」は、ハスケルが言うところの「無形資産」そのものだ。企業が獲得した利益のうち企業外へ分配することなく蓄えとする「内部留保」については今も議論が絶えない。先行きに不安を抱える企業が多い状況にあっては、市場に出回るお金は竦み、「貯蓄は常に高すぎる水準に維持されることになってしまう」のも当然だという言い方もされるが、既に一世紀以上前に、「生産」から「営利」へとルール変更され複雑に高度化していく資本主義の本質的な不完全性を、ヴェブレンは見抜いていたのだ。

このヴェブレンの洞察に宇沢は驚くとともに、ケインズへとつながるセンスを見出し、その重要性を説いている。確かに、ケインズの「一般理論」より25年早く、市場が恒常的に不均衡を抱え込むことを見抜いていたことになるのだから。

こうした市場の不均衡についての視点に加えて、さらに文明論的な課題についてもヴェブレンは語っている。

> 近代文明を支える物質的な枠組みは産業体制であり、この枠組みに生命を与えているのが営利企業である。この近代的な経済組織は、「資本主義制度」あるいは「近代工業社会」と呼ばれる。その特徴的な性格は、マシーン・プロセスを中心とし、投資が利潤を求めておこなわれることである。このことによって、資本主義制度が近代文明を支配することになる。
> （ソースタイン・ヴェブレン「営利企業の理論」八木甫訳、宇沢弘文『ヴェブレン』岩波人文書セレクション所収）

市場原理を中心とする資本主義は、ある一定の効率性を生み出す。しかし、その効率性が実現する物質的豊かさ、さらなる豊かさを求める工業化、そして産業化と進むうちに、生み出された技術と際限なき利潤を求める投資によって、歯止めがかからなくなるのだ。結果、目に見えない「慣習」「制度」という力が生まれ、かくして、資本の運動の磁場が形成される、というわけだ。「のれん」から「無形資産」へ……、百年の時を刻む、静かで強固な力学の中で、私たちのジレンマは続く。

「市場」とは？　「悪魔の挽き臼」を発動させない市場、社会とは？

最後に、ヴェブレンに続いてもう一人、番組でも紹介した、文明論的に資本主義に迫った人物の知見を引こう。

> 市場が社会から切り離されるとき、すべては市場の欲求に従属することになる。
>
> 市場は「悪魔の挽き臼」となり、社会は使い潰される。

発言の主は経済人類学者、カール・ポランニー。主著『大転換』をはじめとして、一連の彼の著作でリフレインされる主張だ。労働、土地、貨幣……、それらすべてが市場メカニズムに組み込まれていく時、そこに生まれる根源的な矛盾、軋みを、ポランニーは「悪魔の挽き臼」という刺激的な表現で指摘した。

市場とは何かという極めて素朴にして原初的な問いは、この「欲望」シリーズにあって根幹にある問題提起であり、「欲望の資本主義2019〜偽りの個人主義を越えて〜」（NHK BS1、2019年1月3日放送）でハイエクの市場観を再考した際に、一つのクライマックスを迎えたと言えるだろう（『欲望の資本主義3』東洋経済新報社）。市場という場に自生的な秩序を、人間の自由がもたらす可能性を見出し続けた経済学者、というより社会哲学者と呼びたくなるハイエク。それに対して、ハイエクより十数年早くこの世に生を受けハンガリー・ブダペストに育った異才ポランニーは、市場と社会の関係性について探究し続けた。未開社会の儀礼や慣習がどのような経済的機能を果たすかを研究する、「経済人類学」という分野を切り開いた。市場という存在を前提にすると社会の本質を見誤る。市場以前に非市場社会があり、そこでは「経済が社会に埋めこまれている」と考えたのだ。親族の関係、儀礼、贈与などの慣習……、現代の視点からは「経済」とは認識されにくい「経済」行為が財の生産と配分として機能する社会への想像力、その必要性を説くところから、経済人類学は始まる。

それにしても市場が「悪魔の挽き臼」となるとは、穏当な話ではない。ポランニーが多くの著作で危機感を表明して一世紀あまり。彼の言葉が一つの警告として響く、現代の資本主義とは？

> われわれの世代の眼に資本主義の問題と映るのは、実は、産業文明というはるかに巨大な問題なのである。経済的自由主義者にはこの事実がみえない。経済システムとしての資本主義を弁護する時、彼は機械時代の挑戦を無視しているのである。
>
> （カール・ポランニー『経済の文明史』玉野井芳郎・平野健一郎編訳、石井溥・木畑洋一・長尾史郎・吉沢英成訳、ちくま学芸文庫）

ここに到って、このポランニーの言葉に、「近代文明を支える物質的な枠組みは産業体制」、「資本主義制度が近代文明を支配する」などのヴェブレンの言葉に連なる響きを感じ取ることは容易だろう。両者の思考の狭間に、不思議な共振を感じとることができそうだが、それは今後に引き継いでいく課題としたい。

現代の資本主義を考えるためには、否応なく産業社会、近代文明という大きなフレームで捉えることまで視野に入れることとなる。同時にだからこそ、原点の問いへと自ずから帰ることにもなるのだろう。

今、私たちは、何を欲望しているのだろうか？　欲望とは何か？

本書の成立にあたっては、いつものように高橋才也さん、寺田昂平さん、大西隼さん、小寺寛志さん、真治史さん、堀内慧悟さんらの制作陣、また翻訳にあたっては中沢志乃さん、さらに東洋経済新報社の矢作知子さん、笠間勝久さんには、取りまとめにあたって大変お世話になった。ＮＨＫ編成局藤田英世統括プロデューサーにも御礼申し上げる。関わってくださった、すべてのみなさんに感謝したい。

パンデミックによる影響が長期化する中で、「ニューノーマル」資本主義は見えてくるのか？　本源的な不均衡を抱え、錯綜する資本主義への探究は終わらない。

欲望の資本主義 2021

「格差拡大　社会の深部に亀裂が走る時」

出演者

ロバート・シラー
経済学者／イェール大学教授

エマニュエル・トッド
歴史人口学者

ダロン・アセモグル
経済学者／
マサチューセッツ工科大学教授

ジョナサン・ハスケル
経済学者／
インペリアル・カレッジ・
ビジネススクール教授

グレン・ワイル
経済学者／
大手ソフトウェア企業　主席研究員

マイク・サヴィジ
社会学者／
ロンドン・スクール・オブ・エコノミクス
教授

橋本健二
社会学者／早稲田大学教授

小幡績
経済学者／慶應義塾大学准教授

森田長太郎
証券会社チーフ金利ストラテジスト

（出演順）

番組概要

世界で進む格差の拡大、固定化。その潮流が今日本を飲みこむ？　低所得世帯の割合が上昇、中間階級は消滅するとの予測もある。中間層の喪失がもたらす社会の混乱は？　脱工業化へと変わった、富を生むルール。私たちはどこで間違えたのか？　経済の葛藤が、社会不安を引き起こす。今、何が起きているのか？　資本主義の変質を捉え、社会構造の問題を解剖する。不透明な世界情勢の中、世界の知性とともに、社会の閉塞感を解く旅が始まる。

欲望の資本主義 2021
「格差拡大　社会の深部に
亀裂が走る時」

2021年1月1日 NHK BS1 OA

語り
やくしまるえつこ

声の出演
園部啓一

テーマ曲
三宅純“Lillies of the valley”

資料提供
水野和夫
ブルームバーグL.P.
ロイター
日本マイクロソフト
米国立公文書館

撮影
山田尚弥

音声
藤村宗信

映像技術
久保剛

CG制作
森下征治

音響効果
佐藤新之介

編集
瀬ノ尾義文

コーディネーター
須山弘太郎

リサーチャー
堀内慧悟

翻訳
中沢志乃

取材
真治史

ディレクター
寺田昂平　大西隼

プロデューサー
高橋才也

制作統括
藤田英世　丸山俊一

制作協力
テレビマンユニオン

制作
NHKエンタープライズ

制作著作
NHK

欲望の資本主義 特別編

「コロナ2度目の春　霧の中のK字回復」

出演者

ダロン・アセモグル
経済学者／
マサチューセッツ工科大学教授

アンドリュー・W・ロー
経済学者／
マサチューセッツ工科大学教授

エスター・デュフロ
経済学者／
マサチューセッツ工科大学教授

レベッカ・ヘンダーソン
経営コンサルタント／
ハーバード大学教授

早川英男
エコノミスト／元日銀理事

小幡績
経済学者／慶應義塾大学准教授

澤上篤人
投資家／独立系ファンド会長

（出演順）

番組概要

「息切れ倒産」も徐々に露呈、苦境にある業種と回復に向かう企業の違いが鮮明になりつつあるコロナ2度目の春。企業情報のプロの動きを追い、生き残りの現実を追う。

一方バブル以来の高値の株式市場は？

アメリカも200兆円の経済支援で急回復への期待が高まるが、同時にバブル崩壊の足音が聞こえるとの指摘も。

緊迫する米中関係も相まって、複雑化する日本、世界。コロナ後の世界を観測、世界の知性たちとともに考察する。逆転の発想は？

欲望の資本主義　特別編

「コロナ2度目の春
霧の中のK字回復」

2021年5月2日 NHK BS1 OA

語り
新井麻希

声の出演
宗矢樹頼

テーマ曲
三宅純“Lillies of the valley”

資料提供
水野和夫
ブルームバーグL.P.
ロイター
日本マイクロソフト
米国立公文書館

撮影
石井健一

音声
濱中竜也

映像技術
島田金治

CG制作
森下征治

音響効果
佐藤新之介

編集
宮澤廣行

コーディネーター
須山弘太郎

リサーチャー
池見光士郎

取材
真治史　吉岡友里

ディレクター
小寺寛志

プロデューサー
高橋才也

制作統括
藤田英世　丸山俊一

制作協力
テレビマンユニオン

制作
NHKエンタープライズ

制作著作
NHK

【著者紹介】

丸山俊一（まるやま　しゅんいち）

NHKエンタープライズ コンテンツ開発部 エグゼクティブ・プロデューサー

1962年生まれ。慶應義塾大学経済学部卒業後、NHK入局。「欲望の資本主義」「欲望の時代の哲学」などの「欲望」シリーズをはじめ「世界サブカルチャー史 欲望の系譜」「人間ってナンだ？超AI入門」「ネコメンタリー 猫も、杓子も。」他、異色の教養番組を企画・制作。

著書『14歳からの資本主義』『結論は出さなくていい』他。制作班などとの共著に『欲望の資本主義』『欲望の資本主義2〜4』『岩井克人「欲望の貨幣論」を語る』『欲望の民主主義』『マルクス・ガブリエル 欲望の時代を哲学する』『マルクス・ガブリエル 欲望の時代を哲学するII』『AI以後』他。東京藝術大学客員教授、早稲田大学非常勤講師を兼務。

欲望の資本主義 5
格差拡大　社会の深部に亀裂が走る時

2021年9月30日発行

著　者――丸山俊一＋NHK「欲望の資本主義」制作班
発行者――駒橋憲一
発行所――東洋経済新報社
〒103-8345　東京都中央区日本橋本石町 1-2-1
電話＝東洋経済コールセンター 03(6386)1040
https://toyokeizai.net/

カバーデザイン……橋爪朋世
D T P…………アイランドコレクション
編集協力………岩本宣明
印　刷…………東港出版印刷
製　本…………積信堂
編集担当………矢作知子
Printed in Japan　　ISBN 978-4-492-37130-5